U0033532

Wide

Wide

Wide

Wide

正義中毒

人は、なぜ他人を許せないのか？

炎上、公審、肉搜……腦科學專家解密，
為什麼我們無法輕易原諒他人？

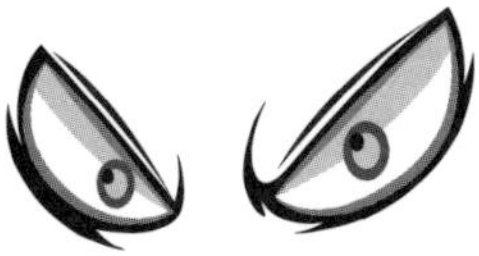

日本腦科學博士
Nobuko Nakano
中野信子——著

童唯綺、許訓彰——譯

目錄／CONTENTS

第2章

社會特性與「正義」的關係

第3章

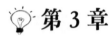

目錄／CONTENTS

推薦序

共同化解因網路而起的正義中毒現象

王乾任（Zen 大）

當人執行正義成癮，世界會發生什麼事情？

您打開此書的時刻，不知道網路上正在「炎上」[1] 什麼話題？

1 編按：炎上一詞日文原意為「引火燃燒的現象」，後引申為在網路上引起爭議，導致集體批評和譴責，一發不可收拾的情況。

是某個網紅又做了錯誤百出的影片，招來鄉民網友網軍側翼抨擊？抑或某政客、慣老闆、名人，說了任何政治不正確、無意識歧視的言論被砲轟？抑或是某犯罪嫌疑人的犯後態度惡劣、不知悔改，引爆民怨沸騰，吵著要判極刑？

如今我們身處在每天都有大小不等的話題或人物被炎上的環境。而我自己經營評論寫作多年，也曾因言論引發過炎上事件。

疫情之初，執政黨決定推振興券，有人不滿為何得先掏一千元購買，於是我隨手發表了一些看法。文章在粉絲團發布後，隨即被不同意者轉發到自己的板上「討論」，順便附上譏諷的文字，不久便引爆支持跟反對意見雙方激烈交戰。

抨擊我論述的陣營，不乏用與事件無關的人身攻擊辱罵我，認為我的論述漏洞百出，大腦跟人品都有問題，也有人把我貼上網軍側翼的標籤。

社會上有一些議題，學理上未必有定論，各持己見，誰也不服誰倒還好，只不過言論在網路炎上後，往往不太就事論事，而是卯起來貼標籤、分類，抹殺對方的人格信譽。

我這種炎上程度還算小意思，只是討論公共議題，言論也有人支持；有些被炎上者是犯了違法或公眾道德不允許的錯誤，社會輿論會一面倒的抨擊犯錯者，讓這些人徹底孤立無援。

人為什麼會對遙遠的陌生人所犯的錯誤感到憤怒，不惜花自己的時間也要前去教訓那些犯錯的人？即便那些錯誤並沒有影響到自己，甚至沒有影響到社會，其實也不算嚴重？《正義中毒》作者從腦科學角度提出看法，認為「人類大腦天生會去尋找背叛者、不守社會規範者等顯而易見的攻擊對象，並且對於制裁這些人產生快感」。深信「我即正義」的人，每一次制裁他人時，大腦的快樂中樞神經會受到刺激，分泌多巴胺，使人從中得到快感。若人沉迷於此類行為所產生之快感而反覆執行，將會形成多巴胺上癮，也就是正義成癮、正義中毒！

正義中毒者認為，只要自己是對的，對方有錯，無論對其做出什麼行為都可以。言詞辱罵只是基本，有些人甚至會向當事人工作單位施壓，要求懲處或解雇。

正義中毒現象隨網路崛起而普及，除了在生活中四處尋找可制裁的對象外，近年還有從網路擴及到實體世界的趨勢。以台灣來說，一些行車糾紛的主持正義行為，也有正義中毒的影子。

人類本該具備的冷靜、體貼、同理心……，在正義中毒者身上日漸淡薄，轉化為極具攻擊性的人格，看非我族類不順眼、視其為妖魔或笨蛋，沉溺在消滅異己的快感中，直到某天赫然發現，自己成為另外一群人攻擊的異己……。

作者對互相貶抑、辱罵，逐漸找不到彼此共同點，仇恨持續擴大的正義中毒現象感到憂心，長此以往，社會賴以凝聚的信任將崩解，人們變得只想消滅看不順眼的非我族類。

追尋多巴胺快感的正義中毒者，讓炎上不斷升級，以換取快感，卻落入無論怎麼制裁犯錯者也無法獲得滿足的空虛之中。

作者從腦科學的角度解讀正義成癮現象、成因（分環境面與個人面兩章談），最後提出化解正義中毒之法，語重心長、情深意切，盼望本書的觀點能有更多人看見，一起化解正義成癮的中毒現象！

（本文作者為「Zen 大的時事點評」版主。）

推薦序

在紛亂社會中，找回內心的平靜

張齡予

台灣人瘋政治，兩年一度的選舉年，從五花八門的造勢、新聞媒體的跟風報導，政論節目的多元激戰，甚至街訪的閒聊話題，可知一二。過去擔任主播，多次被派到新聞前線的我，時常被現場民眾的熱情投入給震懾。然而對不少藍綠支持者來說，政治似乎已成一種「信仰」，彼此的對立，有時竟宛如殺父之仇般強烈。選舉即便落幕，後續撕裂、分化的傷口難以結痂，戰場遍布線上線下，甚至可能讓親人分崩離析，思慮及此總讓我心疼、心痛卻不得其解，還好如今讀到此書，我將之視為腦科學家作者送給人世間一封包裹在理性下的溫柔情書，甚是安慰，也深獲啟發。

我們大部分的人都希望讓所在的世界變得更好，「思考如何理解跟你想法不一樣的人」是我從事十多年新聞工作，每日都在努力的目標。但很汗顏的說，即便每天努力懷抱著大愛，以希望讓社會更好的正向熱忱竭力服務，我依然「在路上」，尚未得道。「有沒有可能讓不同階級的人更加寬容地看待彼此的規則，相互體諒共感呢？」讀到作者此番發心時，翻開書頁的我在心中也發出吶喊。本書作者中野信子，是日本著名的腦科學家，她將亂世的對立，從腦科學角度提供了同理的起始點：「人們難以理解與自己不同的事物，雙方互相感到難以原諒的正義中毒現象，事實上是身為人類無法避免的特性。」打著「正義大旗」的炎上、肉搜、公審，事實上是來自「為了守護自身所屬群體，抨擊其他群體的行為被視為一種正義」的正常社會心理，而人們沉溺於因為攻擊出現的多巴胺快感，如此「正義上癮」是可以透過有意識的大腦鍛鍊而破解的。

如何在紛亂的現世找到平靜，讓社會真正能以「正能量」運作？許多未知與無法預測的發展，讓過往經驗已經不夠用。中野信子提出數個可輕鬆實行的「讓大腦不易衰退」的方法與習慣，從思考邏輯訓練，到應用在實務上的資訊挑選，甚至是飲食與生活習慣，身心靈角度全方位鍛鍊大腦前額葉皮質，提升認知能力，為避免腦力衰退、落入大腦陷阱提供解方。

大腦不老化的訓練方法，如果可以良好規律運作，依照研究，人們就不會受到眼前的得失所困，而會聰明地選擇以長期眼光衡量利弊，也希望真的有這樣一天，我們在提升個人後，得以避開人與人之間，仇恨誤解、認知偏差等毫無意義的爭執，讓世界更美好。

（本文作者為知名主持人、新聞主播。）

前言

理解大腦，才能善待他人

人們總是沉迷於「我就是正義」

你在什麼時候會感到「無法原諒他人」呢？

「發現戀人或另一半不忠時。」

「受到上司的職權騷擾或性騷擾時。」

「遭受信賴的朋友背叛時。」

這些經歷可能是許多人自身或身邊的人都發生過的。在這種情況下產生「難以原諒」的情感，是對於自己或親近之人受到傷害而產生的憤怒。當遇到這些情況，人們理所當然會有強烈的憤怒感湧上心頭。

那麼，下述這些情形會讓你感覺如何呢？

「形象清純的人氣高材生女藝人，被揭發婚外情。」
「餐廳工讀生在社群網站上，發布惡作劇影片。」
「大型企業的電視廣告中，帶有歧視性的表達。」

當然，婚外情本身在法律上是不被允許的；而員工發布影片也可能對商店經營造成負面影響，導致刑事處罰；在電視廣告中展現對某特定群體的歧視也會有問題。

然而，明明不是自己或親近的人們有直接損失，也和上述當事人沒有關聯，某些人卻會湧現強烈憤怒和憎恨的情緒，對一個陌生人施加攻擊性的言語暴力，砲轟得對方體無完膚，這就是失控的「無法原諒」狀態。

我們每個人，都具有一不小心就會陷入這種狀態的特性。

人類的大腦天生會去尋找背叛者、不守社會規範者等顯而易見的攻擊對象，並且對於制裁這些人產生快感。

對他人加諸所謂「正義的制裁」，會讓大腦的快樂中樞受到刺激，分泌**多巴胺**（dopamine）這樣的快樂物質。一旦耽溺於這樣的快感，就無法輕易脫身，而會慣性地尋找可以制裁的對象，變得完全無法原諒他人。

我將這樣的狀態稱為「**正義中毒**」，意思是陷入對正義的過度沉溺，這種認知結構與成癮症幾乎相同。

每當名人的醜聞被報導出來，總會受到各界的猛烈抨擊：「做出這種事，真是無法原諒。」當某些不恰當的影片被分享轉傳後，就算只是由一般民眾所拍攝發布，拍攝者和其家人的個人資訊也都會被網友肉搜，即使他們是無辜的；或是一旦人們不喜歡某則企業的電視廣告，即使與產品本身無關，也會對該公司的商品雞蛋裡挑骨頭、說三道四……。

「此人犯下的錯無法原諒。」

「對於犯錯的人，必須給予徹底的懲罰。」

「因為我是對的，對方是錯的，無論我說什麼惡言抨擊都沒有關係。」

這樣的思考模式一旦出現，便難以停止，真是一種可怕的狀態。原本人們應該具備的冷靜、自制、體貼、同理心等特質都瞬間消失殆盡，轉變成具攻擊性的人格，這應該是平時無法想像的。

特別是當對方爆出像婚外情醜聞這種「太明顯的失態」，再加上不論怎麼攻擊，自己的立場也不會受到威脅的狀態下，就有了高舉正義之旗的絕佳機會。

我們都可能陷入「正義中毒」

我想這種被人們熱議、造成騷動的事件，一定也有很多人是用冷靜的眼光看待著。不過，由於正義中毒原本就是大腦裡的內在機制，代表了任何人都有可能陷入這樣的狀態中。當然，我自己也不例外，必須多加留意。

然而，就算自己沒有成為正義中毒者，也可能會成為他們攻擊的目標。我們隨手發布在社群網站上的圖片，可能會被素昧平生的人們批判，遭受「真是輕率」「這樣不對」的批評，這就是一種典型的例子。

一旦陷入正義中毒的狀態時，人們會把所有非我族類者全部認為是壞人，將抱持和自己不同想法的人、做出無法理解的行為的人都貼上「笨蛋」的標籤，並絞盡腦汁思考如何攻擊對方、用什麼樣的言語能夠給對方造成最大程度的傷害。

姑且不論哪一邊的說辭是正確的，只要雙方都確信自己是正義的一方，進而開始互相攻擊的話，那想要找出解決問題的方法就會變得相當困難。

不僅如此，參戰的雙方或許是沉浸於這種互相攻擊的狀態，把它當作一項活動來參與並樂在其中，根本就沒有想要解決問題的意願，那簡直就像是一場競技較量，比拚如何更高超且有效地貶低對方。

這可以說是上述正義中毒狀態的重度上癮症狀吧。

與其努力解決問題、嘗試獲取新的見解、逃脫困境並找到新的答案，他們更樂於在當下陶醉於自己的正義觀中，對對方進行壓倒性的批判，從中獲取滿足感。

無法原諒他人，也無法放過自己的痛苦

然而，很多人原本性格並非易怒，也不會隨意攻擊他人。他們平時可能都保持著通情達理、溫和的態度，但當談到某個話題或陷入特定情境時，態度就會一百八十度大翻轉。

舉例來說，一旦聊到歷史的話題，便無法接受與自己觀點不同的人；或是無法忍受支持某個特定棒球隊伍的人——這樣的情況很常見。實際上，即使在現實世界中可以忍受，但在網際網路和社群媒體（例如推特〔現為X〕、臉書〔Facebook〕）的世界中，卻會經常出現攻擊性的行為。因此，人們認為網路的普及似乎使正義中毒現象更加顯著，力道也變得更強了。

另一方面，雖然感受到伸張自身正義的快感，但同時也可能產生無法原諒辱罵對方的自己的感覺。就像一邊狠狠地把對方批判得體無完膚後，再一邊感到後悔，陷入自我厭惡。

雖說我個人對於「這種矛盾的想法為何能同時在大腦中並存？是如何並存的呢？」這樣的問題非常有興趣，不過卻無法得出任何符合科學定義上的結論，因為沒有足夠確鑿的證據來佐證。然而，確實有部分的人感到「無法原諒他人是痛苦的」「不能寬恕這樣的自己」，我親眼見過這些人內心深感痛苦的模樣。

在這樣一個你貶低對方、對方也辱罵你，完全找不到任何共同點的世界，只有仇恨持續存在，並且正在不斷擴大著。

即使透過譴責他人的過錯來證明自己的正確性，可以獲得一時的快樂，但如果每天都對別人的言行感到煩躁、在無法原諒的憤怒中生活著，我認為永遠不會得到幸福。

本書是希望幫助那些因為「正義中毒」而感到痛苦的人們，如果能從基於腦科學角度的見解，獲得一些能成為救贖的資訊就好了。

了解「無法原諒」的道理，才能平靜地生活

「無法原諒」的最佳解方，或許是要過著不與人交涉的生活，或者只和自己想法合得來的人來往。不過，在社會中生存的我們若要與他人不相往來，就現實面而言是相當困難的事。

如同前文所說，對於人們抱持著「無法原諒」的情感，與大腦的結構密切相關。

既然無法不與他人交流，那麼便應捨棄「不同於自己觀點的人是『無法原諒』『難以理解』『愚蠢的傢伙』」等想法；不以仇恨的情感看待對方，而是去了解「為何我的大腦會無法原諒」，才能對自己的人生，或社會全體產生巨大的正面效益。

追根究柢，透過貶損他人得到快感；因被他人貶低而受到傷害；害怕與人產生磨擦，而陷入溝通不足的局面；不想被別人認為很愚蠢，而克制表達自己的意見，我認為這些都是由於雙方互相理解不足所造成的。

本書希望幫助人們消弭一些這種生存困境，闡述如何安穩地生活下去的訣竅。我無意將自己視為偉大的引領先鋒來傳授作法，不過若是想理解無法原諒他人的自己，並且努力讓自己更能夠原諒他人，那麼首先知曉**大腦的運作機制**確實是有幫助的。

這就像思考如何理解與你想法不同的人一樣，針對這點，腦科學中對於此現象的說明以及過去的研究便可能派得上用場。

雖然要理解所有人是不可能的，但如果可以的話，希望我們都能不對他人抱持過多的憤怒、不滿和仇恨的情感，心平氣和地生活下去。對於內心深處有這樣想法的讀者們，我希望這本書能發揮助益，提供一些建議，讓大家找到更加輕鬆過生活的方法。

第1章

網路時代的「正義」

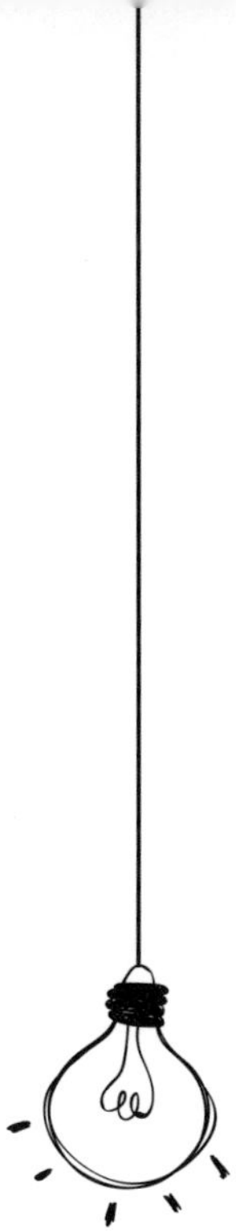

社群媒體揭開了隱藏的衝突

無法原諒某人的情況，在人類社會歷史上大概一直存在著。然而，雖說抱持著無法原諒的心情，但實際上親自向對方說出「真的無法原諒你！」又是另一回事了。

意見相左的人，若是坐下來進行有條理的建設性辯論，那還算是合理情況；但若僅因不認同對方就相互辱罵，簡直就像小朋友之間的鬥嘴一樣幼稚。

實際上每個人多少都會受到某些條件限制，也就是說身為社會的一分子，我們會不時衡量得失、拿捏分寸，這些條件會發揮如同剎車的作用。在現實的人際互動中，人們會認為將「無法原諒」的心情隱藏起來是應該的。平常員工即使對老闆感到不滿，或是銷售員對客戶感到火大，只要考量到今後的發展，便不會顯露出不滿的態度或咒罵對方。像這樣將真心話偽裝在笑容底下的案例應該非常多吧，尤其在不太會明確表達自我意見的日本來說，這樣的傾向更為顯著。

而讓這種狀況變得「可見」，是因為網路社會的出現，特別是社群媒體的普及現象。

網路世界出現後，人們以匿名性為後盾，發布來源可疑的資訊、進行真偽不明的指控或犯罪預告等行為，這種現象已有二十年以上了。早期的網路世界是地下化的，很難清楚社會上有多少人參與其中，當時人們認為網路是一個與現實世界平行存在的異世界。

然而，隨著X或臉書等社群媒體在近十年急速地發展普及，情況完全顛覆了。在現今的網路世界中，由於確立了每個人都可以參與和發表意見的平等地位，網路開始與現實世界重疊在一起。如今，網路上發布的資訊已變成可以操縱輿論的力量。

在這種狀況下，對於「無法原諒」這種個人情感的處理過程，也產生了一些重大變化。

例如，名人不經意的發言及醜聞等顯而易見的不正義行為，成為不計其數的一般大眾熱烈討論的話題。此外，連普通人不經意在社群網站發布了被認為非正義或不正確的資訊，都有可能被素昧平生、連見面的機會都沒有的陌生人責難。甚至情況可能還會升級，變成遭受網民頻繁出征批判抨擊，導致雙方在短時間內爆發包括人身攻擊在內的相互舌戰，也就是所謂的「炎上」。

在炎上進行的當下，大多數人都使用匿名帳號，因此只要攻擊者沒有做出過分的非法行為，便不會對自己造成直接危害，大多數情況下是相對安全的。萬一有麻煩的事情發生時，只需要刪除帳號或置之不理就好。

如此一來，人們對於與自己意見相左的名人就能更加放心地大肆辱罵，或者是發現有其他人發出猛烈的砲火時也跟著火上加油，即使沒有人詢問也會自信滿滿地陳述自己的意見。而當自己支持的名人和其他名人發生爭辯時，更是會毫不猶豫地加入支持行列。反之，如果曾經支持的名人其言行令人無法接受時，人們也有可能態度一百八十度大翻轉，開始將他們當作攻擊的箭靶。

很多人看似在社群媒體上點燃戰火，砲火猛烈地相互攻擊，但實際上內容大多缺乏根據，論述也破綻百出，往往只是無憑無據的指責。即使他們認為自己投入猛烈的砲火可以對敵人造成傷害，事實上很多時候只是毫無價值的回應。

就我個人而言，認為這種事大部分都是在浪費時間，因此我幾乎不踏足於社群媒體的世界。從站在稍遠一點的角度進行觀察，我發現社群媒體確實將人類「無法原諒（不遵守規則的事）」的感覺變得可見了。若我們換個角度思考無法原諒某人這件事，似乎也可以說是出於渴望別人肯定自己、想要別人認為自己是正確的期望。因此，他們會不斷在社群網站上搜尋，找出和自己的觀點相反、看起來很好攻擊的對象，並與之挑起爭端，這樣自己便能成為正義的使者，這是我觀察得到的結論。綜上所述，社群媒體對正義中毒者來說是相當唾手可得，又極有吸引力的一種途徑。

社群媒體對名人來說是把雙面刃

對名人而言，參與網際網路或社群媒體能帶來一些好處，例如粉絲和支持者可以直接傳送訊息給他們，有時還可以透過互動加深彼此之間的關係，某些情況下這對於行銷層面也有所貢獻。

從前必須透過大眾傳播媒體才能表明意見，今日卻可以在自己的掌控下自由發揮。例如，當名人有醜聞被揭發時，即使不召開記者會，也能透過社群網站、部落格或影片平台自由地發表意見或想法。

然而，儘管這帶來了諸多好處，似乎仍存在著一些經常被忽視的缺點。

所謂的知名人物或專家，正是因為擁有某個專業領域的知識，或因為在某個領域中實力被廣為認同，才會受到大眾的關注。不過，在社群網站上的大眾並非擅於提問、熟悉某個領域的記者，也許只是出於好奇而提問，但名人卻可能因為受到議題引誘，忍不住在沒有基本知識的情況下回覆了非自己專業領域的話題。

此外，若名人在社群媒體中對最近的新聞或話題發表感想，或是分享日常生活的瑣事，都可能會因某些言論被批評「缺乏常識」「出乎意料地無知」「沒有禮貌」「把別人當笨蛋」等。甚至，當發布了自己在比較高檔的餐廳用餐或購入名牌商品時，也會有人帶著妒意發出「真是愛炫富」等嘲諷。

這或許也是由於社群媒體的普及而產生的一種現象。在報紙和雜誌等單向媒體的時代裡，知名人物和專家，基本上只在自己的專業領域中活躍，只要發表關於該領域的相關意見就足夠了，因此遭受一般民眾攻擊的機會和風險有限，也比較容易受到控制。

然而，隨著社群媒體的出現，除了自己的專業領域以外，名人被請求發表意見的情況大幅增加。為了支持自己的人們，把自己認為正向的私生活層面或其他資訊拿來發文，或許出乎意料地被人們接納；然而對於某些陷入正義中毒的人來說，反而給予了他們「可以抨擊之處」。因為身為知名人物，如果發出的資訊給人與過去印象很大的落差，稍不注意，就會因此造成事業活動受到大幅影響的後果。

這種因為與對方變得親近，反而使缺點變得更加明顯的現象，原本只在現實人際關係中才會發生。典型的例子是，一對感情很好的情侶結婚後，經過一段時間的相處，雙方都暴露出自己的缺點，有時甚至因此走上離婚一途。

社群媒體具有拉近名人與追蹤者之間距離的效果，同時能透過追蹤人數，輕鬆比較自己的知名度高低。然而，有時出於增加追蹤人數的目的，恐怕會讓人被這種焦慮感追著跑，不得不進一步曝光私人資訊。例如，在有生小孩的女演員及藝人當中，為了獲取粉絲的好感，會以所謂「媽媽藝人」角色將育兒日記公開於大眾。不過，一旦發文過於頻繁，也可能會受到批評，例如「育兒方法真的很沒常識」「為了錢，出賣孩子的隱私」等批判，這樣的情況令人感到痛心。

即使過去某藝人被視為「女性的憧憬對象」或是「理想型媽媽」，因而受到歡迎及尊敬，但只要出現了一點資訊錯誤或犯了一些錯，就算並非故意，也會被正義中毒者當作無法原諒的標靶，有時候甚至會惹來強烈的反感。這對那些形象非常重要的職業來說，可能是一個攸關存亡的問題。

在反對者當中，也會有重度的正義中毒者。他們可能每天都透過社群媒體對著自己不認識、沒有實際見過面的名人，滋生嫉妒和憎恨的情感，有時甚至自以為是社會正義的代言人，實際上卻是做出了相當惡劣的犯罪行為。

互相貶低的荒謬社會

為何社群媒體上的正義中毒者最頻繁使用的詞語是「笨蛋」？因為他們深信自己是絕對正確的，將持有不同觀點的人視為笨蛋並進行攻擊。

若我們以上述這種角度重新審視，當看到某些社會新聞時，人們經常會過度批判某些不合宜的舉止，或者是對藝人發生婚外情強烈指責，包括批評「那傢伙真是個笨蛋」「做出那種蠢事的人真是無法原諒」「他真是活該受到制裁」，都可以視為正義中毒者極端行為的例子。

隨著網際網路的問世和社群媒體的普及化，我們也越來越容易陷入正義中毒的狀態。這種中毒症狀也蔓延於全世界，人們開始會不斷關注誰是笨蛋、誰比自己還差等。同時人們也害怕自己被視為笨蛋，為了避免成為攻擊的箭靶，某些人會開始對別人的謾罵火上加油（或是視而不見、不給予幫助）。這就像是「想避免自己成為被霸凌的對象，所以加入霸凌別人的行列」這種行為。

一九八四年紐西蘭奧塔哥大學（University of Otago）的詹姆斯．弗林（James Flynn）提出了一個觀點：人類自從二十世紀以來，智能商數（IQ）每年都在提升。以一九三二年和一九七八年來比較的話，後者高出了十三．八，換算成平均每年都增加了約〇．三，這種情形被稱作「弗林效應」（Flynn effect）[2]。

透過營養狀態的改善、獲取資訊和知識的管道變得更加豐富，理應會使人們確實地提升智商。然而彼此相互貶損、相互消磨的正義中毒現象卻日漸嚴重，可說是極為諷刺。起初人類與其他動物相同，只是出生、進食、長大、起床、睡覺、孕育下一代後，最終死去的存在。然而，隨著人類大腦漸趨發達，反而更加陷入痛苦。人們會互相咒罵對方是笨蛋，卻不設法解決問題，或者根本就沒有解決的意願，只是一味地持續爭論。若這便是人類這個物種的特性，或許可說是地球上最令人感到悲哀的一種生物。

2 The mean IQ of Americans: Massive gains 1932 to 1978 (Flynn, J.R. (1984) Psychological Bulletin, 95(1), 29-51.

容易被操作的正義中毒者

另外，也有某些與「熱衷於找碴的正義中毒者」保持距離，冷眼俯視一切的人。其中一部分的人控制並利用某些正義中毒者，將其特性巧妙地化為一種成功的商業模式，也就是所謂的「**炎上行銷**」。

正義中毒者總是將自己視為絕對的正義，像渴望獵捕非正義的動物一樣。因此，有些商人會把這當成娛樂事業，刻意演出顯而易見的失態，也就像是供給他們飼料作為報酬，並以此建立一套收取報酬的體系。

在社會輿論因明顯不正義事件而沸騰的時刻，故意站在被視為不正義的一方，或者嚴厲批評站在正義立場指責他人的人，也是一種有效的策略。當正義中毒者被他人煽風點火後，會變得更加熱血沸騰，同時也會成為一個新的話題。此時，這個炎上行銷的策畫方也會受到關注，如同近年演藝圈與經紀公司相關的爭議被人們注目一樣，社群媒體的出現，讓所謂無關的「圈外人士」也能輕易參與其中。

另一方面，由此延伸出的新議題也不斷浮現，例如逐漸出現對此行為的批判，認為炎上行銷本身是不對的，是否應該壓制這種趨勢等看法。

隨著事件越演越烈，炎上的機會也會越大。在這種情況下，如何迅速、有力、沸沸揚揚地引起話題是炎上行銷的關鍵，因此沒有必要為了保持平實的資訊和中立的看法做出努力。這是一種商業手法，當正義中毒者喜孜孜地消費不正義的題材時，若商人視情況快速提供新燃料的話，便可能藉由話題的擴散提升品牌或藝人的知名度，甚至有助於商業規模的擴大。

缺乏多樣性的群體將走向滅亡

陷入正義中毒的人們，乍看之下都有各自獨特的理論和正義感。然而實際上，他們的內心是害怕自己變成箭靶，因此大多會傾向迎合主流的觀點。

例如，當A被指責「發言不當」成為主流時，即使抱持不同的意見，也難以說出口，這和第三章會講述的同儕壓力問題也有關係。然而如果整個社會都朝這個方向前進，就長遠來看是非常危險的。**多樣性**受限的群體，短期來看可能會提高生產力，也許會因為出生率提升而看似取得成功，但在演化的歷史上，這種群體將會走向滅亡。

換言之，為了後代能夠健康繁榮，即使必須付出不少成本，仍必須確保群體某種程度上的多樣性。

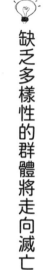

我並非要以「應該這麼做」的社會運動家態度來談論這件事，只是想將其視為一種可能的問題。當前的環境和條件急速變化，如果過去被認為「正確」的中位數產生了巨大的偏移時，已適應的人們會感到難以生存；反而過去被視為「怪人」「非我族類」者還更有可能成功適應。正因如此，為了確保群體的持續繁榮，保持一定程度的多樣性對於生態的健康和穩定是至關重要的。

這種情況用企業的例子來類比，我想會更易於理解。一個以強迫推銷和巧妙話術來取得出色業績的公司，應該會傾向招聘更多這樣類型的人才吧。然而，倘若有一日法律開始強制規定，禁止過去這種業務方式，那麼大部分的業務都會變得英雄無用武之地。此時，如果原本雇用了少數溫厚、親和、以顧客本位為導向的業務人員，也許還能幸運地經營下去；但若公司全體都是強迫推銷類型的業務人員的話，我想公司會面臨相當嚴峻的挑戰。

正義中毒是人類的宿命

難以理解與自己不同的事物，並互相感到「難以原諒」的正義中毒現象，事實上是身為人類無法避免的特性。詳情將在第三章進一步說明。然而，即使對於他人的言行感到強烈的抗拒感，但如果了解人類大腦的運作方式，或許就能夠避免陷入毫無意義的爭執，或消耗精力的爭論，也不會以報復之名傷害他人，能夠以輕鬆的心情觀察事態。

讓我們以兔子作為比較的例子，兔子的大腦過於簡單，無法產生類似正義中毒的狀態，也不會像人類一樣以正邪為標準來採取行動。兔子並不會煩惱「為什麼會出生在這世上」等問題，對於死亡這件事可能也沒有意識。牠們只是一味地吃著草、孕育下一代，然後結束這一生。這種循環就如此無意識地一直進行著。

而人類因為大腦比較發達，在與兔子做出相同行動的大腦構造周圍，發展出了大腦新皮質這個區塊，掌管了思考的部分。

大腦新皮質確實為人類的繁榮和生存做出貢獻。然而，人類也因此背負了一個艱鉅的宿命，為了生存以及讓自己的後代繁衍下去，不得不去思考生命的意義為何。可以說，正是由於有了智慧，才有了愚昧；而沒有愚昧，智慧也是不存在的，兩者有著一體兩面的關係。隨著網際網路和社群媒體的出現，似乎呈現出了人類智慧和愚昧的新面貌。

第2章

社會特性與「正義」的關係

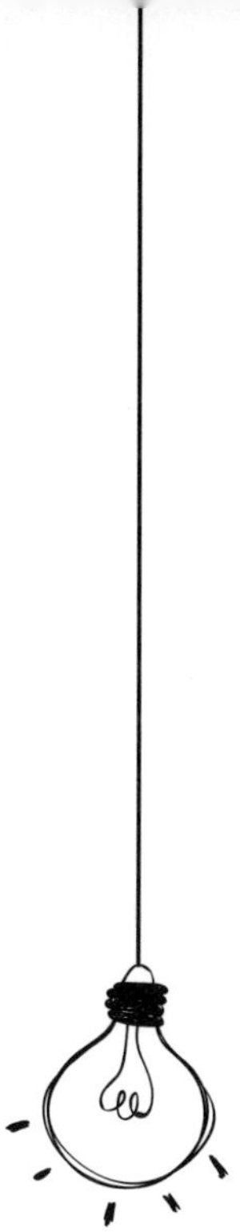

愚昧的標準依國家而異

正義中毒現象可能發生在任何國家、任何人身上。然而，怎樣的人會被視為超出常理標準，這依國家和地域的不同有很大的差別。

在這一章中，特別嘗試針對我所身處的日本，或者以日本人來說，探討導致人們變得難以原諒他人的現象成因，並思考解決的方法和建議。

當然，我不是了解世界各國的專家，也沒有體驗過世界各地的文化。不過，至少在我曾經作為研究員居住過的法國，對於愚昧的標準和日本是截然不同的。

簡單來說，在日本，「不能迎合大眾」和「做出與眾不同的言行」，容易被視為愚昧的舉動；而在法國，「做與大眾相同的事情」和「不表達個人意見」才是愚蠢的，換句話說，這樣在法國可能很容易被認為是個很無趣的人。

「Deux Avis valent mieus qu'un.」這句話來自法國，意指擁有兩種不同的觀點比單一的觀點更有價值。這與日本強調一致性、集體思考的文化，形成非常鮮明的對比。

無論如何，我並非要一概而論地說歐洲的模式更好。稍後我會更詳細地談論，像日本這樣強調「迎合大眾」的模式，從發揮群體力量的角度來看，也有很大的優勢。

事實上，日本或日本人的思考方式，在過去或今日都不會是普世的標準。如果總是察言觀色地配合大家，以日本慣性來過生活的話，至少在歐洲，會被認為是一個沒有主見的人，或是被當成難以捉摸的可疑人物。

若是以日本人的身分出生，並在日本生活，卻難以適應這種迎合他人的氛圍，對身為其中一員感到窒息或辛苦，或許可以尋找其他更適合自己的環境，大膽嘗試到海外生活。

不同的國家就有不同的標準，就結論而言，何謂「明智的選擇」會因環境而異。極端一點來說，也許未來某天，日本認為「迎合集體是愚蠢的」的時代會來臨；相反地，在目前個人主義盛行的歐洲，「不能配合他人、不會察言觀色的人是笨蛋」的這種情況，也可能會來臨。

對此最佳的解法是，無論身處何方都保有能夠自由地轉換、有彈性的靈活思考方式，並要巧妙地截長補短。也許要習得這樣的技能是一件不容易且辛苦的事；儘管如此，嘗試去探索這種文化之間的差異，絕對是解決同質性團體中容易發生的正義中毒問題的方法。

日本是優秀的愚者之國

老實說，日本人由於害怕引起摩擦和衝突，常常會過度抑制自己的主張，傾向極力避免破壞團體的和氣。若我們以反思的角度將這一點視為弱點來看，或許可以說日本是個「優秀的愚者之國」吧。

在日本，那些觀察到群體中存在各種違和之處，並毫不猶豫指出的人，往往會遭到冷眼對待；如果對這種不合理的事情抗議或發聲，則容易受到更大的集體壓力，最終可能會導致被排擠。

另一方面，在現代日本這樣安定的社會中，會被大眾標準評價為優秀的人，若刻意以更強烈的批判說法來形容，或許是「毫不思考、盲從地生活的人」。遵守團體的規則、沿襲前例、忠實地遵循團體領導者的教導和命令，這般順從的人會受到重用的傾向是不可否認的。這種趨勢不僅存在於政府和企業，就連被視為最高學府的大學也不例外。

在日本國內，東京大學被認為是一所國際上享譽盛名的大學。實際上，該校校友所獲得的諾貝爾獎數量也是國內最多的。

然而，不論東京大學、京都大學，或是其他國立大學，若被提問是否能進行獨創性的研究，有自信能肯定回答的人應該相當有限。而這正是我所擔憂的地方。

此外，雖然每個人的情況都不同，有些人出國可能是希望進行最前端的研究，所以積極向上努力爭取；也有很多人是因為想要從目前在日本感到窒息的現狀中逃脫。雖然我自己是個不夠優秀的研究者，因此回到了日本，但有很多優秀的研究者，特別是優秀的女性研究者，就從此留在國外了。

令人感到遺憾的是，在日本國內進行具有獨創性和自由的研究可能會因為環境因素變得越來越困難。相反地，日本研究者經常獲得搞笑諾貝爾獎（相對於諾貝爾獎的戲仿版本，「讓人們發笑，又能引人深思的研究」），這表明了如果研究不需要大量資金且可以小規模地進行，明顯更容易取得成果。

為了避免團體內的摩擦，擁有創新思維的人可能無法大聲主張其想法，也無法充分發揮其才華，這實在是非常遺憾的事情。很多人或許會認為這是國家的損失，而我想這也隱含著日本的一大特徵。

在日本的研究機構中，似乎更加重視遵守小組織內部秩序，而不是進行具有獨創性的研究並取得成績。相較於其他國家，這種傾向在日本可能更加突出，花俏賣弄技巧的個人主義表現不太受到歡迎；相對地，在教授和準教授底下盡心盡力的研究者會受到寵遇，將來的職等升遷也會受惠。如果比教授和準教授進行更為傑出的研究，像這般突出的研究者即使績效提升，也高機率會因為人際關係上的問題而很難留下。無論如何，也許「優秀的愚者」這種人材更能夠在這種情況下生存。

從想取得獨創研究成果的觀點來看，優秀的研究者要將優秀的資源投注在「雖愚昧卻持續下去」之處，才能有助於生存的狀況，是相當可惜的。

以全球標準來看，或許會認為日本人「明明很優秀，何不放棄這樣愚蠢的作法」，如果輕易地對此下了「日本這樣不行」這種結論，正是正義中毒的思考模式。在日本，這種行為模式在適應社會的角度上是有利的，它讓人們能夠生存並更順利繁衍後代。事實上，在其他地區，情況也可能會因情勢而不同，甚至也許在某些情況下，日本的這種模式反而更有利。

那麼我們來思考一下，為什麼日本會發展成今日的高度社會化國家，並且認為為了維持社會和組織穩定，就應該接受他人觀點的文化呢？

自然環境因素增強了日本的社會化程度

經常有人提到，日本人的社會化程度之所以高，是因為日本是個島國。這種解釋通常容易讓人接受，但似乎很少見到有人深入探討這個問題。那麼，為何島國社會化程度比較高，且更傾向隱忍自己的意見呢？同樣是島國，為何英國卻沒有這種傾向呢？

日本這種獨特的情形，有一些值得注意的關鍵因素。

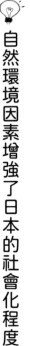

首先，要考慮的是氣候的特點。日本的降雨量很大，颱風也經常造訪。不僅氣候高溫多濕，因風雨帶來的災害危機也很大。這應該毋庸置疑，尤其近年來，每個人應該都能強烈感受到這一點。

另一個特性，由於日本位於板塊的交界處，火山、地震頻繁發生，從統計上來看，在全球發生的大於或等於六級的強烈地震中，其中有兩成發生在日本附近[3]，這是日本和英國之間很大的差異。

比較同樣是島國，自然災害危機高、需要經常考量防災的國家，以及不需要這麼做的國家，所生存下來的人類和群體的特性有顯而易見的不同。日本自數千、數萬年以來，一直都是自然災害頻繁之地，因此要能夠適應此環境，進行長期性預測並準備萬全地生存下去，是一種自然而然的觀念。就群體而言，組成成員的大多數可能是那些適應這種環境的人。包括了優先考慮群體的性格特徵，也許是在日本這個環境下最佳化的適應結果。

那麼，以經過長期最佳化得出的日本人觀點來看，像我這樣例外的偏

3　日本內閣府《平成26年版防災白皮書》。

差值，或許可說是醜小鴨般的存在。然而換句話說，偏差的存在也是為了能夠應變未來可能出現的大規模社會或環境的變化，當作緩衝的多樣性因素的存在。

以接近平均值的人們的角度，會難以理解居於偏差值的人們。他們可能會蹙眉說：「那個人怎麼會做出如此愚笨的事情呢？」這種情況頻繁發生，我想是很遺憾的事。然而，從這些壓倒性的多數人群體，也就是居於平均值的人們當中，也持續創造出了所謂「優秀的精英」（以相反的角度來看可能是優秀的愚者）。

日本人的不安意識調查

二〇一九年日本保全公司西科姆（SECOM）發表了「關於日本人的

不安意識調查」的問卷調查結果，針對二十歲以上的男女各五百人進行調查，提出「最近是否有感到不安的情況？」的問題，結果竟然有七成以上的人回答「有感到不安」。

這項調查顯示，越年輕的女性有此傾向的比例越高，在二十到三十歲的女性當中，甚至高達了九成。對於西科姆這家公司守護人們安心生活的調查，這些數據能看出日本人對安全意識的高度關注，確實非常發人深省。

如此強烈的不安背後是什麼原因呢？辛辛那提大學（University of Cincinnati）的心理學家羅伯特・萊希（Robert Leahy）也對此進行了調查，結果顯示在美國有三七％的人每天都感到不安（雖然和日本比起來還是少很多）。之後再以這些人為對象，進行為期兩周的調查，記錄他們具體上在擔心什麼。結果發現有八五％所擔心的事情，實際上出現了相對正面的結果，剩下的一五％，其中也有八成得到了比原本預想更良好的結果。也就是說，九成以上我們所擔心的事，應該都沒有必要那麼擔心。

不過，這是在美國這塊土地上的數據，而且只是限定兩周期間的調查。如果在日本展開數十年規模（足以影響後代子孫的時間）的調查，便能夠蒐集如此不安發生的情境，並將其反映在數據中。至少以現狀來看，在日本仍有很多人持續生活在高度的不安之中，因此實驗似乎已有結論，我們甚至可以認為整個日本社會就是這個社會實驗的結果。

比起個人意志，以集體目的為優先

追根究柢，在日本，比起強調個人主義特質強烈的群體，還是集體主義強烈的群體更能夠順利生存下去。這種情況被認為是受到災害頻發的地理因素強烈影響。例如東日本大地震（三一一大地震）、熊本大地震，還有近年頻繁發生的水災，無論日本在防災上如何進步，以目前在地球上所處的地理位置來看，都是無法逃避自然災害的。

即使投入了更多的防災成本，並且提高了防災意識，對大自然會發生的天災也無可奈何，無法怪罪誰。接著災後的重建，大家只能互相幫助，齊心協力。在這樣的狀況下，比起個人意志，能優先考慮集團目標而非個人意志的人材最被重視也是理所當然的。反之，如果拒絕團體的互相合作行動，或背叛團體的不成文規定，將會成為人人責備和攻擊的對象。即使因為災害陷入相當危急的狀態，但是團體齊心協力克服困難，反而更能強烈感受到自己的存在價值，我想也有很多人因此得到安慰。這並非要論對錯，而是因為我們有難以抗拒的理由，而不得不處於強烈的集體主義之下。

此外，日本強烈集體主義的成因還有一個應納入研究的事項。就統計上的事實來看，自江戶時代[4]中期到明治時代[5]產業結構改變為止，人口幾乎都沒有成長，我們必須先了解這項事實。日本人口只要超越三千萬人後就達到人口極限，如果發生飢荒危機，大概有近一百萬人會在短時間內喪命。也就是每三十人中就有一人失去生命，照這樣計算來看，會造成形同太平洋戰爭等級的傷亡損害。

根據當時來到日本的外國人的見聞錄記載，日本當時能夠耕作的土地已全部都在進行耕作中，也能看到很多以國外來說幾乎無法耕作的田地都被利用了。

由此可推知的是，因鎖國政策貿易中斷（尤其是糧食的進口）的江戶時代，即使將土地利用到極限進行食糧生產，最多也只能維持三千多萬人口的供應量。一旦自然災害發生時，這樣的平衡被打破，可能沒多久就會造成一百萬左右的人們失去生命，就是如此逼近極限的狀態。連一粒米都很珍貴的這個日本國土，除了必須透過集體作業維持糧食生產，反過來也意味著要單獨生存是不可能的。

在這種情況下，不管好壞都得共同互相合作、克服困難的集體主義是最適合的戰略。因此眾人都在不知不覺中被灌輸了這樣的思維——違背集體的思考方式，也許會招致全體社會嚴重的危機。

不信任「外人」的日本人

考量到這樣的歷史背景，便能理解日本在文化上強調高度的社會化，將集體主義視為優先考量有其充分的理由。

---

4 編按：江戶時代（一六〇三年—一八六八年），又稱德川時代，一般指江戶幕府（德川幕府）統治下的時期，從德川家康被委任為征夷大將軍在江戶（現在的東京）開設幕府時開始，到大政奉還後結束。

5 編按：明治時代（一八六八年—一九一二年），是指明治天皇在位的時代，也使日本在維新運動後晉升為先進國家。明治時代開始採用了從天皇即位到其逝世使用同一年號的制度，即一世一元制。

擁有高度社會化這點，我想能視為日本人的美德，但從社會學的角度也有一些不同的看法。就社會學來說，這是「一般信任」[6]的衡量標準，簡而言之，是「對於素昧平生的人有多少親切程度」的衡量，根據社會心理學家山岸俊男的研究，在日本這個數值實際上是較低的。換言之，日本人對外來者的信任度較低。而令人意外的是，北歐的這個數值卻相對較高，這或許與北歐社會更普遍接受「公共利益」這種觀念有關。

對於東亞一般信賴度較低落的現象，有點難以生理學角度說明。而就表現來說，這類人們對於自己人會很友好，而一旦出現任何問題，就會有強烈的傾向會歸咎於外人身上。令人感到遺憾的是，最近日韓關係中兩國的反應，也許可說是這種傾向最顯而易見的案例。

那麼，是否應該盡快克服這種特性，因為它是可恥的呢？我認為這樣輕率地做出斷定，可能是不明智的。在日本，以集體主義生存下去是有利的，這是經過長期不斷錘鍊而成的謀略，根深柢固地深植於日本人的基因裡。因為這麼做能將群體的紛爭最小化，就長期而言是最佳作法。然而，就其負面影響來說，我們必須認知到，人們會排斥與自己相異者、排擠無法融入群體的人，或容易對其他群體表現攻擊性的這些可能性都是存在的。

難以違反團體規則的日本

群體成員對於集體的決定很難唱反調，最近常被討論的職場工作模式便是一個典型例子。

6 編按：對社會中陌生成員的一般信任程度，被視為影響經濟繁榮、民主政治品質以及公民社會發展的重要因素。

在東日本大地震（三一一大地震）發生時，因核能事故造成電力不足，猶記得首都圈（以東京為中心的都會區）中多數的大眾運輸工具無法正常運作，最後不得不演變成居家上班的情況。

在都市的辦公業務中，考慮到大部分工作只要有電腦或智慧型手機就能隨時隨地完成，因此如果說出勤上班這件事，只是為了讓人親眼確認自己有在工作的話，那就沒有非得每日去辦公室工作的理由。在大地震之前，某種程度上這種情況已經存在，即使大家或多或少都有這樣的體會，還是得按部就班地前往辦公室工作。每天準時到公司，這種行為會被視為模範員工，這樣的觀念在團體中乃至社會上都被當作理所當然的事情。因此，「其實沒有必要非來公司上班不可」這件事，要從員工口中提出是相當困難的一件事。

如果每周只需要外出上班兩天，而另外三天可以在家工作，那麼就可以處理家務和育兒，不需要花費兩個小時通勤的時間，還能增加與孩子相處的時間，這樣的好處是大家都有意識到並且希望實現的，但實際上卻難以提出這件事。

大地震和核能事故等大事件發生後，讓曾經被認為理所當然的選項變得無法實行。然而，重視集體規則的日本人，若沒有集體的共識認同「因為是這種狀況，也無可奈何」的理由，便難以獨自採取與眾不同的行動。就像一個人無法獨自站在自動手扶梯的右側（在大阪是左側）一樣，從理論上來說是相同的。

已被大家漸漸淡忘的超值星期五（premium Friday）也是相似的道理。政府曾經提倡推動每月最後一個星期五下午三點就能下班回家，但因為「難道客戶下午三點以後打來就不接了，有這樣可笑的事情嗎」這種聲音不斷出現，最後這政策也就瓦解了，我想客戶那邊應該也相當贊成。

在日本，沒有類似宗教的安息日，也就是所有人都接受的約束。如果要嚴格實施超值星期五的話，除非首先頒布嚴格的法規，例如「每個月的最後一個星期五，三點以後還讓員工工作的話要罰鍰」，否則應該很難改變現狀。

「聽話的模範生」比「叛逆的天才兒童」更受厚愛

如前所述，日本社會一直強調社會化的重要性是有原因的。然而，我認為需要特別指出的是，在兒童教育環境中，排擠的情況相對容易發生。

在日本的學校教育當中，非常重視教導保持集體和諧、不破壞社會規則的重要性。如果孩子能夠將能力發揮於維持集體（班級和學校）和諧，並且遵守社會規則，會獲得老師的好評和嘉獎，教育現場一直以來都有這樣的傾向存在。

在學校班級當中，如果同時有老實、順從、學業成績中等的模範生；以及擁有天才頭腦，在某個領域中有卓越的才能，但可能會破壞班級秩序的孩子存在的話，幾乎所有人都會抱持著好感而欣然接納前者，而後者即使成績比前者優秀，可能也很少會受到厚愛。

確實，維持班級的秩序，在某種程度上是有意義的。然而，如果只重視這點，把天才兒童視為破壞集體的存在而排斥在外，最終可能會帶來巨大的損失。若只是因為不合群就被排斥在外，可能因此永遠無法發現到那孩子的驚人天分。即使我們可以理解為了維護班級秩序而制定相關措施，但卻眼睜睜地捨棄有潛力的孩子，這樣的結果是令人感到相當遺憾的。如果可以由大人們好好地善加協助，這些具有創新才能的孩子或許能在某個領域有所突破，將才能發揮極致。如果只是因為和日本社會的調性不合而加以排斥的話，那就會是日本全體社會的損失了。因此，希望未來的教育階段中，能發展出一種安全網，能夠應對各種學生的才華和適應能力，這才是我們期待的發展方向。

而就某種程度上來說，美國社會或許是比較寬容的。在美國，所謂的「異端分子」，可能會被宗教人士或慈善家所發現，進而被宣揚推崇。然而，在日本，這樣的孩子可能會在被孤立的痛苦中成長，且歷程持續十年以上，除非有幸能遇到理解他們的人或是乾脆離開日本，否則很難得到救贖，這就是過於重視社會化這件事的弊病，也是一種損失吧。

女性比較擅長察言觀色？

我想許多日本讀者都能感覺到，比起我們小時候的經驗，現在日本的社會可說是更崇尚個人主義，人們可以不用察言觀色地表現自我，就算會被群體所孤立也能自如地接受。

若要考慮這種轉變的成因背景，或許是因為日本已經是趨於成熟的已開發國家，基礎建設也很完備，人們的生活水準提高，也就不用為了食衣住行而奔波。至少在都市當中，已不再是如果不對群體中的每個人展現關懷，就無法享受到社會資源這樣的時代了。

適應這個時代的人們，可能會被昔日「重視集體是理所當然」世代的人們以「這時代的年輕人劣化了」這般否定的眼光看待，這稍微令人感到遺憾。相反地，或許正是這樣的年輕世代才能夠打破日本現今的困境，為未來可能發生的變革，發展出更多應對的可能性。

像「迎合大眾」這樣的重要功能，還有人類用來非語言溝通、理解邏輯脈絡，以及察言觀色時所使用的大腦區塊，是左側顳葉的一部分，稱為「顳上溝」，也位於掌管語言的左腦顳上回部位的正下方。

此部位位於語言中樞附近這點非常有趣，而且不同性別之間還存在差異。統計數據顯示，女性在此區域的發展更加顯著。換句話說，女性可能更善於解讀周遭的氛圍，這也進而使得她們在某些情境下難以自如地行動。

若我們將其視為一種現象——女性似乎有這樣的傾向，她們更容易明白讀懂群體氛圍的道理，並會為此選擇以巧妙的謊言來圓場。例如，在當了媽媽的朋友之間可能不太容易坦率表達意見，或是年輕女性在同一群體中，對於各種事情都一律會給予「可愛！」「有趣！」等正面回應，可能就是這種現象的體現。

反之，年輕一代的男性在面對群體壓力時，則較不容易受到影響，能夠更自由地應對。

顳上溝特別發達，可能也會帶來某些令人窒息的感受。根據許多研究者的解釋，女性察顏觀色的能力較發達的主因，與女性需要育兒相關。在養育小孩時，需要能接收到幼兒的非語言性訊息，因此這種能力變成必備的。還不會說話的幼兒，只能透過表情和哭泣等方式來傳達意思，照顧者必須擁有高度的理解力來解讀訊息。由於這種能力強大，以致於女性對同性間採取迎合的溝通方式，以及更容易接收到對自己的負面訊息，這可能是女性相對容易面臨到的困境之一。

米爾格倫的權力服從研究

人類形成群體的行為是明顯有其優勢的，社會的建立也難以脫離這種群體生活的考量。在形成群體的多數情況下，會有一位中心人物或領袖人物，並採取以這位領導型人物來控制群體的作法。然而，像日本這樣的社會，比起中心人物更加重視整體意向，即所謂的「氛圍」，也會因此控制群體成員的行動。將這樣的機制活用於經濟活動上，就像是企業與工會；在軍事方面，則體現在軍隊等機構中。

然而，這裡會出現的問題是，根據集體意見所做出的決策，可能會與成員的個人意見有很大的分歧。如果只是有關個人的決策的話，那麼只要做自己認為對的事就好了。不過，一旦成為某個群體的一員時，就會產生同儕壓力，也會出現個人絕對不會做的決策。這種就個人來說或許是很愚昧的行動，一旦自己成為群體成員，也有可能做出同樣的選擇。

顯示這種分歧的一項著名實驗，是由美國耶魯大學的心理學家史丹利．米爾格倫（Stanley Milgram）於一九六三年發表，稱為「米爾格倫實驗」（Milgram experiment）[7]。

阿道夫．艾希曼（Otto Adolf Eichmann）是納粹德國在納粹大屠殺時指揮移送大量猶太人到集中營的軍官，他在法庭上受審時抗辯自己只是「服從命令而已」，結果他被處以絞刑。實際上，單純服從命令有可能做出如此殘酷的行為嗎？米爾格倫的實驗解開了這個疑問。

讓我們簡單說明一下這個實驗。實驗中有三個主要參與者：身穿白衣，有權威的「實驗者」、連接著電擊裝置的「偽裝學生者」（當然是模擬的），以及「真正的受試者」。實驗者以研究體罰對學習效果的影響為名目，讓真正的受試者扮演教師的角色，協助給予電擊。而真正的受試者當然不知道電擊裝置是假的，以及被連接到裝置的學生是偽裝的這件事。

扮演教師的真正受試者對偽裝學生者提問，每當偽裝學生者答錯時，教師就會被命令按下按鈕，讓學生們受到電擊。而按鈕上有顯示出電壓，超過某個電壓，標示就會顯示為可能造成生命危險。即使扮演學生者，

7　編按：又稱權力服從研究（Obedience to Authority Study），是社會心理學非常知名的科學實驗。

表現出因觸電而痛苦的模樣，實驗者仍舊以高壓的態度逼迫扮演教師們施以更強的電壓，但事實上約三分之二的真正受試者會一邊冒汗一邊按下最大電壓的按鈕，儘管他們知道這有生命危險。就算偽裝學生者開始尖叫，並痛苦的翻滾著身體，真正的受試者仍會遵照實驗者的意思，而非依照自己的意願。[8]

這個實驗如果在日本進行的話，按下按鈕的比率可能更高。在日本，個人的意志常常會被集體的決策所左右，這對於在企業中工作的人來說可能是日常的體驗。企業文化和組織結構有時候會壓抑個體的意志和判斷，強迫他們遵從集體的方針。

不是當事人的我們，會覺得這很殘酷，認為這些人是不敢表達自身意見的膽小鬼。然而，根據米爾格倫的實驗結果顯示，在特定的情況下，最終許多人會優先考慮群體的意志，因為這麼做在群體內部可能才會被視為「明智之舉」。

雖然日本在戰爭期間，也有著對於「奢侈是敵人」這句口號感到反感，因此故意極盡浪費來炫耀給他人看的人。然而在那個戰爭是理所當然、象徵光榮的時代，又有多少人會大聲疾呼「我不去參戰」呢？在是非之前，多數人都會選擇與集體一致。

至於，這兩者哪一個是愚蠢的，則依觀點角度的不同而異。在戰爭期間，以集體視角來看從戰爭中脫逃的人會被視為是愚蠢的；然而在現今這個和平的時代裡，認為戰爭不對、戰前的日本是惡劣的人們，可能會認為不從中脫逃的人才是愚蠢的。在不同的時代和情境下，兩者都有可能變得愚蠢，而集體意志是無法因為個體而改變的。

---

8 Stereotype threat and the intellectual test performance of African Americans, Steele CM, Aronson J. (1995).

「刻板印象威脅」的影響

在社會心理學中，還有一種被稱為「**刻板印象威脅**」（stereotype threat）的現象。

當一個人意識到所屬的團體擁有特定的社會形象（刻板印象），該團體的成員便可能會認為自己也符合這樣的形象，並開始朝著與刻板印象相符的方向發展。

例如，當社會上存在著「黑人比白人更具攻擊性」這種偏見的情況下，某位黑人可能會開始認為自己是具攻擊性的人，或者覺得犯罪對他來說是理所當然的。[9]

這方面也有類似的研究。例如，當比較男女的成績時，一般來說，國中時期女性的成績表現通常更好，但當進入高中後，女性的成績表現卻開始下降。這背後的原因被認為是隨著年齡增長，女性逐漸受到社會上「女性不需要那麼用功讀書」的偏見影響，最終形成了這樣的學習狀況。

「女生考這樣很厲害耶」「妳要讀東大啊，如果妳是男生就更好了」「女生如果太用功讀書，會很難結婚哦！」……女性更容易接收到諸如此類明示或暗示的負面訊息（就算其中一些可能是真心的稱讚），使她們認為如果身為男生就好了，或者覺得女性不該用功讀書，不應該取得好成績，最終導致實際上出現這樣的情況。

這也只是適應社會的一種形態，如同前面所提到的，女性從腦科學的角度上，更容易認知並解讀集體氛圍，這真的是非常可惜的事。她們可

---

9 Milgram, S. (1963). Behavioral Study of Obedience. Journal of Abnormal and Social Psychology, 67, 371-378.

能會感受到「成績好對我可能沒有好處，甚至可能有損失」，進而自我控制；相反地，如果被稱讚「很有女人味，真的很機靈」「好可愛」等，就會開始做出迎合對方的行為。

此外，也有以下的實驗結果：在進行一個測試男女數學能力的測驗後，結果發現被要求填寫性別的女性成績較差，但如果是被要求填寫大學名稱則沒有什麼影響，女性成績會相較提高。這表示，在解題時的身分是作為女性這個群體的一員，還是某個大學的一員（在這類實驗中，受試者多為名校的學生），這種差別甚至會影響到分數。[10]

想太多的人是「無用之人」嗎？

過去，日本企業存在一種傾向：特別喜愛錄用畢業於大專院校運動代表隊的人，或許現在也仍然存在這種情況。

那是因為在職場上「對集體決策的忠誠度很高」被視為一項重要的特質，在執行業務上，也被視為必須具備的能力，並且會被認為是「工作能力強」的人。在日本的組織領域中，看重的是那些不會獨立思考也不會主張與組織邏輯相異的事情，而是能夠老實地遵循集體決策的人。

預測長期展望思考的功能，由大腦背外側前額葉皮質區（位於大腦前額葉的前部，擔任高階腦功能的中樞）進行運作。想像對方反應的功能位於前額葉皮質與眼窩相連的部分，而判斷自身行為善惡的功能位於內側前額葉皮質。也就是說，先暫停一下、重新審視自己的行為，以及自我控制等一連串過程，皆由**前額葉皮質**來運作。

10 Journal of Personality and Social Psychology 69(5):797-811.

基於這些見解來設想一個組織內的人際關係，會發生什麼事情呢？前額葉皮質發達者（也就是腦科學中所謂智商高的人），即使收到指示和命令，也有可能被批評「沒有立刻著手」「學歷那麼高，動作那麼慢」「總是顧著講道理卻沒有實際作為」。總之，他們會被認為是「只有頭腦好卻無法派上用場、很麻煩的人」。相較之下，能夠迅速對應指示或命令、不考慮多餘事項的人，在實際工作場合中更加方便好利用。我想，這兩者之間的對立在日本社會中出乎意外地根深柢固。

無法互相討論的日本人

傾向遵守團體規範的日本人，基本上不太會出現彼此提出異見的情況，因為多數人都不擅長論述，或傾向避免與他人交換意見。

我曾在法國生活過一段時間，法國和日本正好相反，對某事抱持不同看法的溝通方式，可說是普通的日常情景。若以日本人的角度來看，法國是一個只要人們面對面，就會開始互相闡述己見的國家。我也曾經是其中一員，但在回到日本後，我深刻體會到日本人對於提出異見的看法，和我在法國所見到的完全不同。

假設某個主題A，各有抱持X主張和Y主張的人。

如果是在法國，有一方開始說：「我想針對A事件跟你討論，我認為X主張才是對的，你覺得呢？」另一方如果回應：「我和你的看法不同。我認為是Y才對，因為……」在這之後，雙方會繼續往下挖掘與探討，「那麼，你同意這個論點嗎？」「這個主張我原則上同意，但我也必須說某一部分的論述不太合理」或是「我們雙方應該都對其中這部分有共識」等。法國人每當聚會見面，總會以這種方式討論某個議題，而大家的態度就像在討論新聞時事般家常便飯。從旁看來，大家都很自在地討論著。

可能因為我是日本人吧，老實說我總忍不住心想：「還要討論下去嗎，真的有點膩了。」可當被問到：「你的看法呢？」我還是不得不做出回應，理由後述。

後來回到日本，總算不用再被問「你的看法呢？」而我也從中看出日本人之間的意見交換，和法國人之間的模式有著根本性的差異。

假設同樣針對某個主題A，有抱持X主張和Y主張的人，一般情況下，在日本的討論會如以下方式展開。

「關於A，你主張Y，你是怎麼想的？」「不不不，大聲嚷嚷著X才是正確的你，真是太失禮了。」「你那是什麼態度，也太傲慢了吧，你現在是存心讓我難看嗎？」「你們倆也不是多懂，到底在吵什麼呢？你們倆都不覺得丟臉嗎？」

從旁觀察，真是相當有趣。日本式的意見交換，只是徒具形式，不會深入探討，而是相互爭論誰的意見才是對的，最終根本不是在探究一件事的本質，而是演變成如吵架一樣的鬧劇。以從旁看熱鬧的角度來說，實在很有娛樂性，不過也讓我不禁懷疑，這是討論嗎？

如果提出這個疑問，法國人可能會告訴你：法文裡「討論」（discuter）這個動詞，是以人為賓語（與誰討論）；而相對的是「反駁」（re' futer）這個動詞，則不一定要以人為賓語。也就是說，「討論」是與人進行的，但「反駁」則更偏向於談論內容和論點，而非針對個人，通常討論一件事不太會以「反駁上司」「反駁老師」「反駁對方」為目的。當然，我也聽過有法國人會以上述狀況為目的，有時因為討論過於激烈而使得雙方關係變差的例子。或許這可以說是法國多元包容的特性（除非我被欺騙了）。

而另一方面，日本人普遍認為一個人所抱持的主張，不應與那個人的人格分開看待，於是討論難免會演變成人身攻擊。這或許就是日本人的特性。

「迎合大眾」會被輕視的法國社會

日本和法國對於「提出異見」這件事所抱持的不同觀點，我們還能再進一步加以探討。在法國，如果身為一個成年人卻無法表達自己的立場或想法，可能會被同儕或同事看輕，會被視為心智發展尚未成熟、無法正常對話的人。因此，如果在法國被旁人問到：「你的看法呢？」這種時候就不得不坦率地說出自己心中的想法。

英文 interesting 這個單字，在日本英文老師的教學中，都會說這是指「很有趣，興味盎然」的意思。但在法文中，如果有個法國人對你說「C'est intéressant」，字面上確實可以翻成「聽起來很有趣耶」，但就深層的文化面而言，這其實是在說某人講的話「並不稀奇」或有「哼，好無聊」的意思。當討論某件事時，如果法國人說「C'est intéressant」，其實是在說「你的主張並不值得參考」「好像在哪裡聽過類似的觀點」。表示對於和你討論某議題的對象來說，你的見解不值得再聽下去。對方其實是在用這句話，迂迴地表達出此時想要結束對話的意思。當然並不是只要法國人說出這句話就是想句點對方，畢竟這句話也有如字面所示，代表「有趣」的意思。附帶一提，如果和你談論某事的對象是巴黎人的話，更有可能包括諷刺的意味在內。

當兩個法國人在互相討論某件事，基本上不會出現「真的如你所說，沒錯！」這樣的反應，印象中他們總會說「不，我有不同想法！」，不會含糊地讓話題草草帶過。

最初我就如前面所說，只習慣日本式的討論方式，所以當遇到這種情況的時候，我還以為對方是要挑釁我，於是警覺地戒備起來。但事實上，這種提出否定意見的反應與前文提到的「我對你的話不感興趣」的發言相反，表示對方覺得「你的話很有趣」，並且表現出對你的觀點的尊重，是一種讓人樂於坐下來聆聽你的見解的證明。

對於日本人，如果對方微笑著說「這聽起來真的很有趣」，你可能會感到被接納並安心地說出想法。但如果對方直接說「我不同意你的想法」，你可能會感到相當緊張和困惑，甚至會開始懷疑自己是否得罪了對方。這種情況可能讓你感到不安，甚至覺得難以維持這段人際關係。

這可能是由於日本和歐洲大陸的地理環境不同，日本處於封閉和環境嚴峻的島國，而歐洲各國自古各種族和文明之間便相互交流，因此文化的多元性和交換意見對歐洲人來說是再平常不過的事。對歐洲人來說，彼此對某件事抱持不同意見，是一種由於彼此都擁有獨立意見而自然而然產生的現象，也就是相互平等的人之間常見的情況。

認為彼此有不同之處是理所當然，且願意花時間談論不同觀點間的原因和背景以加深彼此理解的社會，以及相對地追求同質性，如果發現某人有所不同便會傾向排除那些與主流不同的元素的社會，到底哪一種社會比較好呢？其實這取決於環境、地理和社會條件。就我個人而言，我在法國的時候，雖然對於法國人什麼事都要加以評論一番這件事感到疲累，但也對於不需要壓抑自己的想法這種文化感到輕鬆。在這樣的社會中，只要能沉著解釋自己「我就是這樣」的觀點，無論你有什麼樣的思想、個性或外貌，都能夠平和自在地站穩陣腳，而且不容易受到非議。

習慣了法國的環境後，當我回到日本，讓我感到驚訝的事情反而變多了。電車裡大家都化同樣的妝、梳同樣的髮型、追求同樣的時尚潮流，每個人看起來就像是複製貼上一樣。我在法國時從未有這種感受，畢竟刻意把自己的風格隱藏起來，特地迎合大眾對法國人來說會是件很可怕的事。我開始對今後身處在日本這樣的環境下，自己是否也會被同質化的浪潮淹沒而感到一絲不安。後來，為了不讓自己被吞噬，我記得我馬上將頭髮的顏色從黑色染成金色，這也成為了一個令人懷念的回憶。

我給大眾的印象可能是一個「直言不諱的日本女性」，我講法文時，可以毫無顧忌地說「不」，但用日文時，卻很難開口說「並非如此」。不過相反的是，我在法國居住時期，法國人普遍對日本女性抱有「不會說出狂傲話語」的刻板印象，因此他們有時可能也會對我感到驚訝。

日本社會的思辨挑戰

本書試圖剖析為何會出現所謂無法原諒他人，且具有某種程度攻擊性的正義中毒者。然而，從不同的角度來看，有些人可能會認為正義中毒者正是在表達他們想說的話，因此可能與日本的傳統價值觀相對立。若將日本人隱藏自己的想法和真實感覺視為不好的一面，也可能會有人認為正義中毒者相對於日本人來說，更能堅持自己的觀點，甚至克服了日本人的不足之處。這些觀點可能會有不同的詮釋，取決於個人的價值觀和角度。

針對正義中毒現象的出現，可以有以下的解釋。

日本人在進行討論時，通常都不是在推敲和研討兩種不同意見，以導引出更好的結論，大多時候都不知為何會演變成人身攻擊。其實互相貶損和意見討論完全是兩回事，正義中毒的人對於對方提出好的主張完全無法接納，因此才會稱之為「中毒」。這種攻擊與意見爭論是完全不同等級的口水戰，目的只是為了證明對方的愚蠢，或顯示自身比對方優秀而已。

就結果來說，在正義只有一種的前提下，雙方的言論永遠無法昇華至討論的層次。有時，唯有成為遵循權威者指示的優秀駿馬才是正義，這時所謂的「正義」只是用於權力和主導權鬥爭的工具，因此若其中有人接納對方觀點，無疑會被視為對己方同伴的背叛。

若進一步來看，在日本這樣的土地上，比起意見討論，更重要的可能是事前協調，或許這也是真正的辯論無法在日本發展的因素。姑且不論日本的社會是好是壞，從其他國家的角度看來，日本人的思考方式和其他國家的人民確實有著相當程度的不同。

另外，日本已開始面臨許多國家尚未發生的高齡化、少子化危機，作為最先面對這些問題的國家，日本是否有能力進行討論並有效應對，使我感到有些擔憂。畢竟，過去可以簡單的「引進海外成果，並用來適應日本」這種作法已無法治本。許多全球至今仍沒有答案的問題，必須由身在其中的人們試著認真思考，才可能找出解決辦法。

我認為日本已經到了一個不能僅是從眾，而是必須坐下來討論出解決之道的時刻。當日本面臨歷史上一大考驗的局面，究竟會展現怎樣的能力呢？我想全球應該都在好奇地觀望著。

地緣政治對意見表達的影響

日本人傾向盡量避免爭論是一種明顯的特徵。那麼其他亞洲國家又是如何呢？中國人、韓國人或印度人，印象中似乎都比日本人還喜愛發言，以日本人的標準來看，可能會覺得這些國家的人們都更勇於表達自我。為何會出現這樣的情況呢？

首先，地緣政治的影響很大。大多數亞洲國家與其他國家之間互相接壤，這些國家經常要面臨與外敵戰爭，或常有被好戰的異族入侵和統治的危機。相反地，日本主要關心的是國家內部對於統治權的爭奪。日本要發生突然被其他異族統治，或被奪走身家財產、甚至被殺害的可能性幾乎是零。

日本人在社會流動性低、對外交流也少的狀態下持續過著群體生活，曾經為了降低生存危機採取「鎖國」策略，也是大家都知道的事。強調地域和血緣的群體信賴關係，以及把每個人都畫分為某一個群體的觀念變得理所當然，也是保障人身安全的重要證明。畢竟，日本是資源相對上有限的國家，天然災害也頻繁發生，若能高效地彼此互助合作，是在這樣的環境中生存下去最重要的事。

在這樣的情況下，當某個違反規則的人出現，給群體造成困擾時，如果把那人留在群體中放著不管，可能會損害了群體內所有人的利益。不過時代發展至今，大多數人都生活在現代都市之中，這樣的想法是否也隨著時代消失了呢？其實目前某些地區仍會發生不傳遞給某戶居民社區公告、不讓某人加入公會、不讓某戶丟垃圾等，如同古代「村八分」[11]

的制裁情況時有所聞。

相互信賴度高的社會，是高度社會化的產物，結果可能會帶來良好治安與環境清潔等好處；然而，這種人們彼此間保持緊密情感（社會化）的現象也有可能引發一些負面影響，例如集體排擠行為等，這便是高度社會化的正反面作用中需要權衡的情況。

11 編按：村八分意指某些人或群體在社會中被排斥或孤立，是日本傳統對於村落中破壞成規和秩序者進行消極制裁行為的俗稱。原指村莊十件重要事情中，除了協助埋葬、滅火之外（若不協助會影響到自己），剩下的成年禮、結婚、生產、生病、幫忙建新居、水災救護、祭拜法事、遠行時幫忙留守，就這八件事情完全斷絕一切交流及協助。

改變人的本性需要一千年？

前面談到日本人獨特的社會性，不過今日已進入全球化時代，且透過網路就能讓資訊傳達及讓金錢流動。有著獨特文化和國民性格的日本，在不久的將來，是否也會朝著社會化降低的方向前進，也就是正義中毒者人數減少、集體排擠越來越少發生的方向變化呢？這件事值得我們關注。

如果日本要產生改變的話，究竟要費時多久才可能發生？關於這點，我們可以反過來思考，日本社會是歷時多久才演變成現在的模樣？

雖然有點複雜，但我們可以根據目前的遺傳多樣性比例，利用數理社會學進行如下計算。

從基因角度來看，屬於同一基因座（指染色體及基因組的基因所在位置），因突然變異等原因造成ＤＮＡ核酸序列改變的基因，稱為「等位基因」。如果只有一種等位基因，且假設兩種性狀是均等存在的，那麼其中一方（五〇％）的基因要完全消失的話，計算下來約需耗費一千年。也就是說，假設有A和B兩個不同性狀的群體，如果A的性狀對環境更有利，則B群體消失可能需要一千年的時間。

一千年的歲月，以人類的歷史來說算長還是短呢？無論人們是在一千年前的平安時代[12]、八百年前的鎌倉時代[13]，以及三百年前的江戶時代與現代，各時代的人們為了生存下去，無論是產業結構、交通工具、溝通手

12 編按：平安時代（七九四年—一一八五年），一般指從桓武天皇將首都從長岡京移到平安京開始，到源賴朝建立鎌倉幕府一攬大權為止。是日本古代史上最後一個歷史階段。

13 編按：鎌倉時代（一一八五年—一三三三年），一般指從鎌倉幕府替代平家掌握地方軍政權開始，到鎌倉幕府滅亡後結束。

段，甚至整體社會共識都可能產生很大的變化。災難的復原力（從逆境復原的能力）雖有科技輔助而得以提升，但天災的發生頻率以及災害所造成的嚴重性，在今日或過去都從未改變。

也就是說，不管我們所生活的世界發生多麼劇烈的變化，人類還是無可避免地深受體內為了適應過去環境而內建的基因所影響。從基因角度來說，也許在一千年前的某人明明是聰明的，但時至今日來看，他的所作所為卻像是未經大腦思考。

任何人都能變成日本人嗎？

讓我們進一步擴大思考，如果有一位完全沒有日本人基因的外國人來到日本，當他必須在日本社會生存的情況下，他將來會變成怎樣呢？

我認為，經過一代或許還看不出什麼改變，但比起這位外國人所保有的基因和種族血統，**環境因素**的影響可能更強大。我想只要長年住在日本，過個幾代後，每個人都可能逐漸被日本的文化、習慣和價值觀所影響，最終可能會具備與日本人相似的特徵。

這個人也會被日本高度社會化所形塑的優勢和劣勢所篩選或淘汰，他們將會感受到自然災害的可怕，也會學到如何重新振作的方法。並且為了讓自己能完美適應這個社會，也會學到與其高談闊論自己的意見，還不如藏在心中、臉上保持微笑，對於上級的意見和整體社會氛圍不太過偏離的生存之道。假設實在不能適應日本民情，我想也可以選擇離開日本就好。

環境因素，確實是不容忽視的。

對日本人來說，什麼樣的行為舉止才算是愚蠢呢？還有，為何同為日本人，卻要互相貶損對方是愚蠢的呢？我想，這可能和日本這個國家的特殊性有關，只要環境因素改變不是一件簡單的事的話，我認為日本人根深柢固的觀念和高度社會化的情況，想必也不會發生多大的改變。

下一章，我們將一起來探究，為何人們會變得無法原諒他人？

第3章

為什麼我們會無法原諒他人？

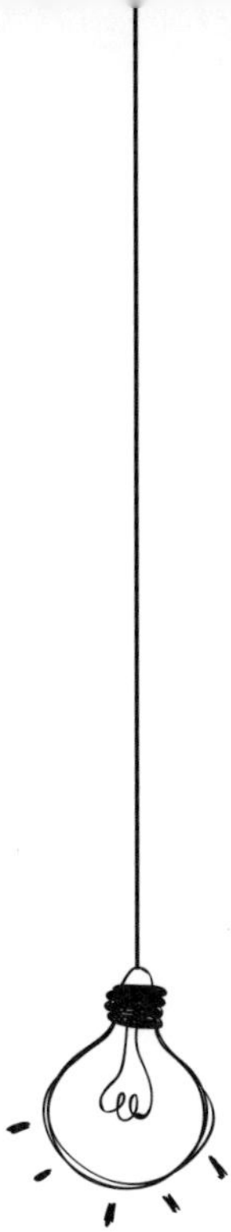

人類的大腦是對立的

本章將以腦科學的觀點，探討為何人們會無法原諒他人；同時我也會以目前在全球相繼出現的左、右派（保守派與自由派）之爭，作為案例解說。

先說結論，就人類大腦的原始設定來說，與他人出現對立是件很自然的事，換句話說，人腦本來就被設計成會與他人產生對立情況。

「除了自己之外，其他人都是笨蛋」「除了自己之外，誰都不能相信」的思考方式，其實跟「除了自己之外，大家都很優秀」「除了自己之外，大家都很有能力」的思考方式是相同的，兩種思考方式只是立場改變而已。因此，比較出自己是更好還是更差，而對此感到高興或沮喪，這件事基本上是很荒謬的。不過，對人類來說，會這麼想其實也是很自然的一件事。既然我們無法杜絕自己不這麼想，除了接受之外也別無選擇。

但請容我再次強調，將自己與他人進行優劣比較，這件事在本質上沒有什麼意義。

每個人都是不同的個體，這本來就是理所當然的。他人究竟是愚昧還是優秀，實在也輪不到我們用自身的標準去擅自定義。再者，不管如何將對方套在自身設定的框架上評價，實際上對方也不會因此有任何改變。所以，試圖將某人定義為愚者或賢者這件事本身就沒有任何意義。

雖說如此，會因為一點小事就把某人評斷是笨蛋，也是人類的特徵之一，我想有些人甚至會因此作繭自縛，讓自己陷入痛苦之中。如果不希望自己成為一個無法原諒他人的人，我想透過本章所介紹的科學知識，幫助讀者們從這樣的桎梏中得到解脫。

為何人們會輕易地憎恨他人呢？

腦科學領域的第一個案例，將要來探討「為什麼人們可以輕易地憎恨他人？」我想以自己的親身經歷加以分析。

我在攻讀研究所時期，曾經到義大利參加人腦圖譜（Human Brain Mapping）學會，當時曾發生以下事件。

時間是二〇〇六年世界盃足球賽（主辦國是德國）賽事期間，我在一家熱鬧的運動酒吧裡，觀看德國代表隊出賽的直播賽事。店裡有來自各國的人們，當德國隊被對手得分時，大多數法國人都在大聲歡呼喝采，就算這場賽事並不是法國隊對德國隊的比賽。

當時身處在法國和德國兩個對立群體之外的我，對於當時發生的景象感到相當不可思議。我到現在印象還很深刻，因為實在非常震驚。不過我當時沒有想太多，心想不過就是場運動比賽罷了。

數日後，我再次到了這家運動酒吧，為了觀看日本隊對澳洲隊的直播賽事。當時有一群韓國人也在場，當先得分的日本隊被澳洲隊後來居上後，情勢出現逆轉，我看到那群韓國人情緒高昂地大聲歡呼。

不得不說，我受到很大的衝擊，這次我是「日本人」這個群體的當事人。

日韓之間的各種問題，無論就歷史角度或就新聞角度來說，我當然都有一定程度的了解，但同時我也明白有很多喜歡日本、對日本人態度友善的韓國朋友。然而，在這場韓國並沒有參賽的足球賽事，親眼目睹這樣的景象，還是不免令我覺得有點衝擊，「原來，他們是這樣想的啊……」

儘管原先已經有一些相關的知識，但突然之間，我感受到了一股自我防衛的警戒心湧現。我開始輕易地在他們身上貼標籤，並同時對於自己心中湧起一股憎恨情緒的狀況感到衝擊。這一天的經歷實在令我難以忘懷。

在酒吧的群眾，當然只不過是所有韓國人當中的極小部分。我原本就不會刻意去批評韓國，倒不如說我反而對自己違反理性地抱有偏見這件事，感到有些難為情。不管如何，自己會湧現這種超越理性和知識的強烈情感，讓我感到相當意外。

另一方面，我在冷靜下來之後也能考慮到以下這些事情。在二〇一九年時，因為政治上的因素，日韓兩國間的交流減少了。但是近年來，每年都有七百萬以上的韓國人到訪日本，雖然實際人數會依前述的政治變化而有所增減，不過民間的商業往來依舊熱絡，就觀光旅遊而言，日本也是許多韓國人想前往的國家。

然而，有些極端排外的日本人群體可能會對韓國人表現出激進的行為，且這樣的情況近年不減反增。只要想到帶著滿心期待好不容易來到日本，卻遭到不受歡迎待遇的韓國訪客的心情，便令我難以忍受，也許這就像是我在歐洲體驗到的那種衝擊。

因為差異，人們相互吸引又相互憎恨

另外，也有經過很長時間，漸漸地開始無法體諒某人的案例。例如曾經兩情相悅進而走入婚姻的夫妻，最終卻以個性不合為由選擇離婚。

根據日本最高法院的統計，提出離婚申請的動機當中（至多回答三項），申請人不論男女，回答「個性不合」者是第一名。的確，這個答案不難理解，但若換個角度思考，原本這世上就不存在性格完全吻合的兩個人。人們自己都有人格對立的矛盾存在，卻要求他人與自己一致，是不是有點不太合理呢？

既然會步入禮堂，代表當初應該是有彼此互相吸引的特質才對；以腦科學角度來說，其實人們正是因為彼此不同才會受到吸引。也就是說，就是因為不合拍，才會感到有趣。

雖說如此，一旦有了婚姻的束縛，人們不免開始對於彼此的不同之處感到厭惡。很諷刺地，這種轉變最有可能的因素，是因為比起戀人時期，彼此之間的距離變得更加親近了。

結婚前，因為沒有二十四小時的長時間相處，彼此的相異之處讓對方成為自己尊敬或愛慕的對象；然而一旦距離拉近，不免發現對方也有自己想逃避的地方。這種情況可能是在結婚後，立刻發現無法接受對方的某些特質；也有可能發生在結婚數十年後，當丈夫退休，兩人一起相處的時間變長，以前可以睜隻眼、閉隻眼的地方，如今漸漸變成難以容忍的問題。

原本人類就連自己的所作所為都無法完全理解了，也不可能做到百分之百地喜歡自己，更別說要喜歡他人。就算是夫妻，彼此間也應該保持適當的相處距離，若太近或太遠，都可能會因為忽然意識到彼此的不同而感到不自在。

這種情況或許在不同國家、不同文化之間也是相同的道理。相隔遙遠，沒什麼利害關係的國家之間會相互抱持著憧憬，也較能建立理想中的友好關係；而離得較近的國家，因為往來頻繁、淵源深，就容易演變成相互憎恨的複雜關係。就像近年的日韓關係演變，以及日本人與韓國人之間的團結感或分歧感，如果兩國距離能稍微拉遠一點的話，也許一切就會有所不同。

大部分的天才，也只是平凡人

當談到只要近距離相處，就會發現對方並非完美的人，更明顯的例子可能是那些被稱為「天才」的人。

這世上有各式各樣的天才類型，有靠某項卓越才藝名聞天下的奇才、相貌出眾的天生明星、堪稱金頭腦的科學家，也有才華橫溢的藝術家等。只要見過他們的優越才華，便不禁令人再三讚嘆。

不過像這樣的天才們，也許是因為與大眾保持了一定距離，可以只展示出自己想被看到的一面，所以他們看起來像天才。如果實際與他們親近往來，也許就會發現其實他們吃相不佳、房間髒亂、無法跟別人好好溝通、有暴力傾向等，他們身上可能藏著各樣的缺點和問題。也就是說，無論距離遠近，在什麼場合下都保持受人愛戴的天才，這樣的人應該相當少見。

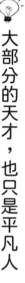

這其實就跟很多人會驚嘆富士山的美麗景緻一樣。從遠方眺望時，富士山頂被一片雪白籠罩，搭配藏青色的山體，是座周遭完全沒有遮蔽物、有著獨立山峰的複式火山，景色美不勝收。自古以來，富士山就是被人們視為信仰象徵的神山。

不過，當我們實際攀登富士山後，便會發現登山遊客人滿為患，到處是散亂一地的垃圾，不樂見的光景可說隨處可見。

因此，也難怪會有不少人說倒不如遠遠觀賞更好。人際關係方面也是同樣道理，某些情況下，最好只從遠處欣賞美好的一面會更理想。

群體的存續，就是正義

在哺乳類當中，有不少族群為了掩護個體的脆弱性，採取群體行動的生活方式。特別在人類中這種傾向特別顯著，可以說人類天生就有容易形成集體主義的特性。

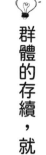

因此，人類中獨立的群體之間容易彼此產生對立，這可能與集體主義有關。所謂集體主義，就是「自己所屬的群體，必須維持著群體的狀態才是正義」，有時這種群體優先的觀念，會讓其他道德觀變成可有可無的選項。

這與信奉該群體的正義又有些不同。並非因為該群體的正義宗旨剛好與自己相符，所以才加入該群體，而是因為成為群體的一員這件事，以生存角度來看，是可以確實提升安全性和生活效率的利器。若要說正義這件事，是無論發生什麼事，只要所屬群體能存續，以及守護群體免於受到威脅，以此為優先目標就代表了正義。除此之外，沒有其他更重要的事了。

而所謂「群體正義」，是指為了守護群體，判斷決策是否適合群體存續的共識。

此外，人類也是非常擅於群體生活的生物，人類就是因此成功生存並繁衍至今。身為人類，我們潛意識中都認同「順勢而為」是自然又正確的，因此在大多數情況下，我們都會以這種方式行事。因此，如果群體中有某個人試圖拒絕與群體共存，這對群體來說就是產生了矛盾和混淆，也免不了會發生摩擦與衝突。

人類的基因有九八％以上和黑猩猩一樣。剩下二％的差異，是人類前額葉皮質的高度發達，這部分建構了知識和複雜的語言體系，讓人類具有優良學習能力。要特別注意的是，人類組成群體的行為，是為了達成強化和複雜社會化而具備的能力。我們可從人類在組成群體後，將「正義」系統化、規則化、提高社會化程度，窺見人類進化歷史的腳步。

左、右派的對立，是大腦所引起的嗎？

說到社會規則，最具代表性的例子就是經由總統選舉或議會選舉而實現的民主政治場域。在政治場域，可以看到只有人類社會才會出現的有趣現象。政治上的左、右派陣營對立，也就是「自由主義」（左派）和「保守主義」（右派）的分裂，事實上是因為大腦特性的差異所引起的。這個理論，是源自不久前在美國出版的一本著作，由於成功挑起人們的好奇心，因此也在美國成為熱門話題。

這本書，是美國紐約大學史登商學院（New York University Stern

School of Business）的社會心理學家強納森．海德特（Jonathan Haidt）所寫的《好人總是自以為是：政治與宗教如何將我們四分五裂》（*The Righteous Mind: Why Good People are Divided by Politics and Religion*）。所謂「自由主義派」就是具備高度的好奇心與探索性（具有甘冒危險挑戰新事物的特質），是對善惡和道德觀採取較重視態度的群體；而「保守主義派」則是好奇心與探索性低，不喜歡改變習慣或接受不同觀點，比起善惡和道德觀，更容易以自身熟悉或習慣的事物進行判斷的群體。就結果而言，海德特教授暗示**自由主義派要戰勝保守主義派，從科學觀點來說是不可能的**。

然而在日本，該主張很難讓人有實際感受，並非因為日本這類研究很落後，而是若以日本社會為研究對象，很難設計出理想的研究計畫。因為在日本，身為自由主義派或保守主義派未必和政黨的政策達成一致，所以縱使某個選民支持或投給某個黨派，也很難畫分該人是屬於右派或左派陣營。

我想也有人注意到，在日本不管是自由主義派為主流或保守主義派為主流，通常並非是執政黨與在野黨之間的對立，而是長期以來存在於自由民主黨內的派系之爭。黨內的討論能決定國會的大方向議程，因此在公共場合中，自由派和保守派進行辯論的場景並不多見，選民在選舉時也不太會思考自己是自由派還是保守派而行動。各派系表面上是因政策理念相同而成為群體，實際上重視世襲和出身等人際關係，也就是不能忽視成員皆有政治世家背景的群體。

尤其在眾議院議員選舉改成小選舉區制後，「通常先投給自民黨，只有在自民黨犯下嚴重過錯時，才投票給在野黨」的投票模式，幾乎就像系統預設一樣（能投的自民黨候選人在選舉區裡只有一人，所以很難去檢視該候選人是自由主義派或保守主義派）。因此如果海德特教授將日本當成研究對象，大概會是個很難加以分析的國家。

相反地，美國比起日本更能明確地區分「自由主義派為民主黨」，而「保守主義派為共和黨」。當然民主黨陣營中也有如希拉蕊・柯林頓（Hillary Clinton）為代表的現代自由主義派人士，也有如伯尼・桑德斯（Bernie Sanders）為代表的民主社會主義者；共和黨陣營當中也會有支持與不支持前總統唐納・川普（Donald Trump）的人，然而美國和日本比起來，在進行選舉投票時，選民本身更能明確地知道應支持自由主義派或保守主義派。因此，就研究對象來說，美國更容易進行解析。

海德特教授做出一項結論——自由主義派無法戰勝保守主義派。關於這方面的詳細內容，讀者可以閱讀他的著作，而我接下來想從腦科學方面指出幾點來討論。

支持哪個政黨，也是基因決定的嗎？

首先，我想補充說明，有研究數據顯示，美國的民主黨支持者和共和黨支持者之間，兩者的多巴胺受體Ｄ２（Ｄ２Ｒ）的某種多型性（遺傳變異）比例有顯著差異存在。

將研究數據統整分析，結果顯示出天生的基因特性會使民主黨支持者對於自由主義派人士抱持好感，而共和黨支持者對於保守主義派人士抱持好感。當然並不是說絕對如此，而是就統計數據來看有顯著的差異。

為能易於理解，我將前者稱為「自由腦」，後者稱為「保守腦」。

儘管根據政黨政治立場的不同，可以觀察到自由腦和保守腦之間的差異，但這並不意味著所有的民主黨支持者都擁有自由腦，或者所有的共和黨支持者都擁有保守腦。然而，如果在沒有任何知識和經驗的背景下，將關於民主黨和共和黨的資訊分別提供給自由腦群體和保守腦群體，則自由腦者更傾向選擇民主黨，而保守腦者選擇共和黨的比例明顯高出許多。這顯示出，人生來就有的自由腦或保守腦，某種程度上決定了你容易對哪個黨的理念和政策感到親近。

這並不是指自由腦者對於共和黨的理念和政策，或保守腦者對於民主黨的理念和政策，完全無法產生共鳴，只是會有好感度的高低之差。

如果以繪畫來比喻，畫材和畫布之間的關係可以更好地解釋這一點。一般大多數油彩畫，通常都畫在油畫布上，而水彩畫則大多畫在紙上。一般來說，要用水彩畫具在布上作畫是件很困難的事，而且保存不易，顏色的表現方式也和畫在紙上完全不同，反之亦然。自由腦者和民主黨，以及保守腦者和共和黨之間的關係，就像油彩畫和油畫布，以及水彩畫和紙的關係。

個體本身可能無法意識到其天生的受體（receptors）差異等因素，而是認為自己只是根據後天的學習和經驗，以及基於這些判斷而進行投票。但實際上，這種行為可能在某種程度上是由基因決定的。

這個研究非常引人入勝。如前所述，民主黨和共和黨內部也會有不同的聲音，所以如果有一個原本就是自由腦的人士，順利成為了民主黨政治家；以及一個本來就應該是保守腦的人，由於後天接觸的資訊偏向支持民主黨，或者優越的學習能力使其在保守腦的情況下成為民主黨的政治家，若這兩人日後在民主黨內掀起鬥爭和對立，也完全不意外。

此外，大腦會隨著年齡增長而開始產生變化，自由腦者的自由屬性程度實際上可能隨著時間的推移而不斷流失。而由於流失程度因人而異，所以也有可能出現內部對立的情形。

正義中毒的忘我之境

人們原本就會對本身所屬群體以外者無法接納，甚至傾向攻擊對方。

會有這樣的情況出現，是因為人類腦中有個扮演重要角色的神經傳導物質——**多巴胺**（dopamine）。當我們陷入正義中毒時，腦內會分泌多巴胺。多巴胺掌管我們的快樂和意欲，是使大腦感到興奮的神經傳導物質。簡單來說，就是製造出快樂心情狀態的腦內物質。

為了守護自身所屬群體，抨擊其他群體的行為被視為一種正義的表現，也是維持社會化的必要行為。越是進行攻擊，就會分泌越多多巴胺引起快感，讓人們漸漸變得無法戒除。於是我們將會不符合自身正義標準的人，視為蓄意破壞正義規則的行為並加以譴責，只因為這麼做會讓我們感到快樂。

我想有人會認為，自己絕對不會做出如此愚蠢的行為吧？然而，真的是這樣嗎？

假設你在收看電視新聞時，新聞台正播放一則父母虐待親生骨肉，不給予食物、言語暴力、毆打、放任孩子一人在家的紀錄影片。若最終結果導致孩子受傷或不幸過世，如此令人髮指的新聞，真不敢相信是有小孩的父母親會做出來的事。

媒體連日進行詳細報導，這對父母的偏差行為也得到街坊鄰居的證實，孩子也曾試圖對外求救，但為何政府機關沒有即時伸出援手？這樣的人還有資格當父母親嗎？地方政府和學校究竟都在做什麼呢？我想，大家應該開始有諸如此類的想法在腦海中浮現吧。

客觀來說，你我其實都是與這件事完全無關的旁觀者，雖然處於與當事人無關的立場，但又認為這社會上有著絕對的正義，並確信自己不會做出如此虐待兒童之情事。而且對於那些超出社會的正義標準並因此受到關注的人們，不管我們對其進行多少攻擊，都不會有火苗延燒到自己身上。

我們收看許多電視新聞和網路新聞時，雖和自己沒有直接相關，但內心不免會嘀咕著「好過分的傢伙，真是無法原諒，這傢伙應該受到報應、被社會驅逐」。並且會想搜尋更多資訊，在網路或社群媒體上發表激進的意見，這就是所謂的「正義中毒」。這時，人們會發現只要攻擊他人就會感到愉悅，因此更無法停止這種行為。

同儕壓力與正義

像這樣因正義中毒而引發的對立，在任何群體中都有可能發生。不管是執政黨和在野黨、公司的業務部門和生產部門、德國人和法國人，或是男性和女性之間都可能發生相同的情況。並不是因為屬於某政黨、某部門、某國人、某種性別才會發生，而是身為人，就必然會發生這種現象。

奇妙的是，有時候也會出現雙方陣營相互展現正義中毒情況，以達成供需平衡的案例。例如，當某群體散播仇恨言論，有另一群體會譴責此行為並呼籲：「不要發表仇恨言論！」但如果某天有某種解決方案出現，導致雙方或其中一方的存在消失，那麼屬於這些群體的成員可能會感到生活變得相當乏味。

對眼前的群體說出「我才是正義，你是非正義」，是很痛快的一件事。當雙方處在「你在散播仇恨言論」「我沒有，你才是散播仇恨言論」這樣互相爭論的狀態，正是在互相提供對手群體分泌多巴胺的契機。一邊說著要毀掉對方，但事實上如果對手真的消失的話，想必另一方也會感到困擾。從旁看來，這樣的景象簡直就像喜劇一樣滑稽，但身在其中的人們卻都非常認真地投入其中。

體育競技中常見的「世仇對決」，也是類似的情況。日本的職業棒球隊中，讀賣巨人隊和阪神虎隊的對決，被視為傳統的宿敵之戰。「就是不能輸給阪神」「輸給什麼隊伍都行，就是不能輸巨人」這樣的粉絲心聲，牽扯到的已經不只是單一比賽勝負，而是連球團的行銷手法和粉絲的冀望都包括在內。雙方陣營在賽前的叫陣都很激烈，互相貶損對手，但其實這樣的相互敵對情況，球迷也是樂在其中。像這樣在職業運動領域中，類似的長年宿敵關係及隨之而來的集體心理狀態，在世界各地都是隨處可見的。

然而，正因為這是體育競技，所以鮮明的敵我關係以及伴隨而來的互相批判，大多數的人其實是可以理解的。如果讀賣巨人隊退出職業棒球聯盟，覺得最遺憾的也許不會是讀賣巨人隊的球迷，而是阪神虎隊的球迷，反之亦然。這般互相認定對手為敵對方，也可以解讀成是認可對方的實力，他們對彼此而言是「快感的來源」「多巴胺湧出的泉源」，也是如同藥物般的依存關係。

此外，在這樣的對立結構中，也許潛藏著一個根深柢固的問題。在讀賣巨人隊的主場館東京巨蛋裡，當每個人都穿著巨人隊的球衣為其加油時，穿著阪神的球衣進場可能是一件相當需要勇氣的事情，反之亦然。

因此，看球期間難免會有球迷開始挑釁對方，指責對方應該多少要懂點禮儀。為了防止麻煩發生，有時在球場的特定席位也有禁穿主場球隊以外的球衣入場的規定。無論心中對對手的敵意有多深，若是身處敵方陣營當中，作為唯一採取不同行動的人，實際上也會造成相當大的心理負擔。

感受到必須配合群體行動（違背的話，也許會有可怕的事情發生）的這種環境壓力，稱為「**同儕壓力**」。這就像潛規則一樣，會對於群體中持有少數意見的人們施加壓力，使他們接受多數派的想法。

如極端一點的例子，在同性戀者不太敢公開個人性傾向的時代，出櫃這件事往往伴隨著恐懼。即使是現在，仍還是有人會對於性少數族群表露出輕率的態度和言語。而且不只是對當事人，支持者的行動也會受到限制。即使某些人宣稱「我沒有偏見」，但當遇到同性戀者被不公平對待時，誰能真的有勇氣地表達支持，而不被「也許自己也會被他人嘲笑」的想法綑綁而裹足不前呢？

為何西方人無法區分亞洲人？

人類的大腦有組織群體的功能，與排除對自身而言的外來者和相異者的機制是同樣的結構。

在日本國內及亞洲圈也許感受不深，但如果造訪歐美各國，我想可能會更有切身感受。

分享一個我個人的親身經驗。我曾在美國搭乘國內線班機，航行期間有一度我的手伸向前座下方，取出置放在該處的手提包中的物品。我隔壁坐著一位看起來是職場精英型的白人男子，他立刻伸手摸了自己的包包，同時瞥了我一眼，將包包移動到離我稍遠處。我猜，他當下可能心想，「這個亞洲人，該不會是想偷我的東西吧！」

如果說我當時沒有感到驚訝，那是騙人的；但另一方面，我也在心頭浮現是否不應該責備這位白人男子的聲音。倘若今天我的身邊坐著一位打扮不太整潔，看起來有點怪異的外國人做出同樣的舉動，我想很難斷言自己不會立刻警戒起來。

「因種族或膚色不同，而有差別待遇是不對的」「應試著理解多元文化」這種主張，的確是政治正確（political correctness，意思是不因人種和宗教的不同而有差別表現）的，但人們通常更優先考慮保護自己的身體和財產。特別是對自身所屬群體成員之間的行為，便不會過於抱持警戒；但如果對於不屬於自己群體的人，就免不了會心存戒心。也就是說，當我們發現眼前的狀況對自身不利時會感到不安，這是因為大腦早已事先內建了安全裝置。

這在心理學中被稱作**「內團體偏誤」**（ingroup bias）——意指相對於外團體（out-group，非自身所屬的團體），人們對內團體（in-group，自身所屬的團體）更能展現友善和協力合作之傾向。我們會歧視他人或是受到歧視，都是因為內團體或外團體偏誤所產生的。因此一味地批評歧視或受歧視的行為是錯的或是愚昧的，也絕對無法解決問題。

第二次世界大戰期間，某位同盟國的白人軍人對於殺害同是白人的德國人感到痛心，卻對殺害日本人絲毫不感到痛苦。這是因為自己和對方都是白人，於是產生同情並感到良心不安；而面對屬於有色人種的日本人，白人軍人出現**「外團體偏誤」**（outgroup bias）——導致雖然同是人類，卻無法產生同理心。在白人社會中生活的東亞人，如日本人、中國人、韓國人，對白人來說幾乎無法辨別。相對地，我們也難以區分陌生的法國人、德國人、英國人，除非我們已經熟悉他們。

因為自己看不順眼某個屬於某團體的人，所以對團體裡的其他人都抱有相同的負面觀感，這就叫作**「外團體同質性偏誤」**（outgroup homogeneity bias）。這種現象，人們對於陌生的人，首先會注意對方外觀上的特徵，而不會去留意對方的性格與情感。令人感到遺憾的是，人與人之間的共感在這種情況下也會變得更加困難。

這樣的認知偏誤不限於種族，不同性別或是擁有不同服飾文化的人們之間，也存在相同的情況。例如對男性而言，與其將女性視為一個個的個體，更容易認為是屬於「女性」這個外團體的人。對女性而言，也是這麼看待男性的。因此我們會見到在討論某事時，由於彼此難以辨識對方的性格，人們會更容易因對方引起爭論的事實感到反感，而不是關注爭論的內容。

團體偏誤會導致友誼破裂

本章開頭提到的關於觀賞世界盃足球賽的韓國人，也顯示出團體偏誤很容易在人類心中產生。針對不同群體之間互相叫罵的情況，曾經有一個調查「團體內成員行為間差異」的知名心理學實驗。

這是在一九五四年，由社會心理學家穆扎弗・謝里夫（Muzafer Sherif）與卡羅琳・謝里夫（Carolyn Sherif）夫妻所進行的實驗。這場實驗在美國羅伯斯山洞州立公園（Robbers Cave State Park）的一個露營地舉行，被稱為羅伯斯山洞實驗（Robbers Cave Experiment）。

受試者是二十二位出身白人中產階級家庭的十到十一歲少年。他們被分為兩組，收到各自搭設露營帳篷的指示。一開始這兩組人並不知道彼此的存在，後來才製造巧合讓他們相遇。隨後，實驗者引導這兩組少年因運動比賽產生競爭心理，例如贏得勝利的組別可以獲得獎品等。如此一來，雙方很容易產生對立情緒，競爭也變得激烈。他們甚至發展到焚燒對手旗幟、互相鬥毆、夜襲對手小屋、竊取物資，或在一起吃飯的餐廳裡將剩食互相丟擲等混亂的局面。

這就如同鄰近學區的學生們，或相鄰兩個小鎮的鎮民之間，很容易因一些小摩擦而起爭執。這其實與「同一縣市中的A市和B市之間關係很差」「同是南美洲國家，但一到足球賽場，雙方幾乎是用相互廝殺的氣勢比賽」等情境，可說是來自同樣的根源。

即使外觀上沒有很大差別，但只要有一個導火線，縱使身為同種族、宗教、年齡、性別，人們也會開始畫清界線。

認知偏誤是大腦在投機取巧

身為人，無論是誰都有機會出現比起外部人士，對團體成員更好的內團體偏誤狀況。如此一來，對於團體外的其他團體，人們經常會輕易地貼上負面標籤。舉例來說，看到日本人輸球而感到開心的韓國人、看到德國人輸球而感到開心的法國人，與其說大家都抱著強烈的惡意，不如說這只是「大腦的投機取巧行為」，因而被偏誤支配的狀態。在這樣的狀態下，大腦會自動選擇進行輕鬆的處理方式，也就是進行單一化的處理。因此，當我們下定論地認為「日本人就是那樣啊！」「法國人就是會這樣吧！」的時候，應該要更加小心。

以自身所屬團體為中心，不對團體外的人多加考慮，只進行統一化的思維處理，從腦力耗費的角度來看，這是一種高成本效益的行為。只要認定「那些人就是那樣，不必理會」，就可以不用進行其他多餘的思考，也不會占用時間。韓國人和法國人、關東人和關西人、男性和女性，本身就各自屬於不同的團體，每個人都有獨特的經歷和思考，原本就應該對每個人進行謹慎的判斷。然而，一旦這種偏誤開始發揮作用，那麼不需費力就能當機立斷。

這樣的作法，可以單純用「那個群體和我們不同」的方式思考，在需要迅速進行判斷時可說相當便利。以省力之名，卻讓大腦默默在「偷懶」。

舉例而言，美國前總統川普也許可說是單一思維處理的典型例子。批判川普總統的群體會把他稱作「笨蛋」，然而如果如此輕鬆就對其定調的話，或許更是沒有機會理解所謂「川普現象」的出現，以及成因背景到底是什麼。

另一方面，川普總統的支持者，甚至是他本人，面對批判川普的敵對勢力，也一貫以「全民公敵」「假新聞」等思維來回應。不管批判是否有據、指責是否適當，對於支持川普總統的人們來說，總會對川普在社群上澄清「那則批判報導是假新聞！」的作為感到舒心痛快。同時，對自己不想聽到的、於己方不利的批判，他們可能會完全無視，或是用其實根本不值得理會的態度來處理。

比起正確性，更重視團體內正義

人們如果不夠自律，就會出現對自身團體態度寬容，對團體外的人採取嚴厲以對的情況，這就是內團體偏誤的現象。

例如，假設政壇上有A和B兩大敵對勢力。A是有名的政治家，但被媒體揭發道德操守不足（例如涉及收受不法政治獻金等事件）。對於支持B的人們來說，這是一個團體外人物的失敗，因此會將其行為當成把柄，展開攻擊。「真是個壞蛋」「這種人還有資格當政治家嗎？」「請立即擔起責任」之類的言論會大量出現，對其大肆責備。

那麼如果相同的事發生在B政治家身上，支持B的人們又會有什麼反應呢？他們可能會說，「這和他的政治能力有什麼關係嗎？」「這點事就要結束政治生涯，也太可惜了！」「有空挖這些八卦，還不如討論更重要的議題！」等。當然，這並不是針對特定事件的影射，但類似事件可說層出不窮，我想也許會讓人聯想到某些實際的事件。

這種內團體偏誤現象也可以這樣解釋：除了在團體中被認定是正確的事情之外，其他都不被人們接受，甚至會遭到無視。

二〇一四年，以聲援「肌萎縮側索硬化症」（Amyotrophic lateral

sclerosis，ＡＬＳ，也就是俗稱的漸凍人）為目的的冰桶挑戰活動成為熱門話題。各界知名人士紛紛響應接受挑戰，並經由社群媒體的傳播，成為全球關注焦點。但是接下來，反對這項活動的人開始在社群上和支持這項運動的人展開激烈的唇槍舌戰，例如有這樣的反對意見：「將淋冰水的影片上傳到社群網站，真的是為了幫助患者嗎？只是想搞噱頭炒作，想紅罷了。」以及這樣的贊成意見：「不，正因為他們是名人，所以聲援力量就可以無遠弗屆地擴散。」兩種聲音彼此形成對立。

在這當中，某位患者曾在社群媒體上發布一則感謝舉辦冰桶挑戰活動的留言。然而，對此活動持反對意見的人選擇無視這則留言，直接當作沒有這件事，毫不在乎這是否為當事人的寶貴意見。

當事人既然說了「因為有所幫助，實在很感謝」，那麼對於「是否有助患者」的爭議可說已有結論，似乎可以明確地做個收尾了。但對於反對派而言，這則留言等同於將他們存在的意義從根本瓦解，所以他們一時之間很難接受。

更甚者，如果某人在自己身處的團體內，採取對團體存續不利的行動（例如轉發那則留言），那麼這個人就會被當成「背叛者」而被團體排擠，甚至有可能演變成暴力攻擊事件，因此團體內的成員通常不會採取與團體共識不一致的行動。

打著正義之旗而壯大的團體

所有團體（例如宗教團體）在追求成長時，幾乎都會在發展階段利用內團體偏誤。將「團體內的教義」與「正義」畫上等號，反對該教義的團體就會全被視為外團體。當團體受到外部的壓迫時，一律將其視為阻止正義行動的惡行。而透過將反對者定義為團體內的共同敵人，內團體凝聚力將不斷增強。

我們似乎可以看到，世界上的主要宗教都具有這種結構，典型的例子就是早期基督教因遭迫害，反而讓信徒們堅持信仰的虔誠更加強烈，團體本身也變得更壯大、強韌；以日本宗教的歷史來看，日蓮宗[15]的傳教模式也和該過程相當相似。首先特意樹敵，當遭受到對手攻擊時，就能當成提高信仰虔誠心的要因，進而促使信徒們更加團結，於是團體便能成功地壯大且長期存續。

從腦科學角度來看，像這樣「為了正義挺身而出」的效用非常大，可說是使大腦酬賞系統（reward system）活化的行為。站在客觀角度觀察人類，若成功將這種「無法輕易原諒」的情感與正義相連結，就能一邊用於強化群體內的團結力量，一邊讓自己獲得某種快感。附帶一提，當宗教內部出現分裂和支派時，過程也有很多與前述相同的狀況。

如果擁有能耐得住攻擊的強健心理和資源，接著利用外團體對自身團體發出的反對聲浪以組成正義結構，那麼後續就能利用外團體的攻擊，來鞏固內部凝聚力，形成齊心協力對抗外部的循環，便可以使組織逐漸擴大。

網路世界會擴大確認偏誤

看了前面論述的讀者，可能會有不少人認為自己沒有任何宗教信仰，所以與自己無關。然而，這樣的現象並不僅限於宗教組織，宗教只是其中一例，這樣的團體性質會依網路社會的進化而變得更加緊密。或許，

15 編按：日蓮宗所提倡的教義中，對其他佛教宗派進行強烈批判，甚至視為異端，以此對立態度作為信仰的宣揚方式，而其他宗派僧侶因而對日蓮展開襲擊與迫害，導致日蓮受到幕府流放處分。

你在不知不覺中已經捲入其中。

在社群媒體上，思維相似的人們之間會開始產生「同溫層」，並且從與自己想法相符的群體中，只擷取接收自己想要的訊息（後面會提到廣告也是如此運作）。每天重複這個過程，不知不覺中就會被引導成「自己才是正確的」「自己的主張才算正義，才是社會上的真理」，這樣的現象稱作**「確認偏誤」**（confirmation bias），也會在群體內發生。如果以這個角度來思考「深度學習」[16]（deep learning），某種意義上來說是這種技術的可怕之處。

如果單純地從網路世界方面探討商業行為的話，那麼廣告媒體業者主要目標是如何使網路使用者「點擊廣告」，為達到此目的，廣告商會開始蒐集每個使用者搜尋的偏好和取向，並配合投放使用者會感興趣的資訊和廣告。而這些資訊，是對全體網路使用者的偏好進行分析的。

因此，可以在每個使用者的網頁畫面上有效地投放廣告，不斷出現使用者有需求且抱持高度興趣的資訊。這表示，雖然使用者本人可能是想透過每日不間斷地上網以獲得新知，然而往往只是看到了基於自己喜好所建構的、符合個人喜好的資訊。

我們認為自己是在網路上獲取新知、得知最新消息，但我們需要意識到，實際上那都是經過過濾的資訊，可能是非常**有限**的。網路上的企業和廣告商，並不是想讓我們均衡地獲得豐富的資訊、獲知世界各地的消息，只是單純地希望我們「點擊」而已。

如此一來，能夠不依喜好挑選地閱讀各種新聞報紙和書籍，這樣的平

---

16 編按：深度學習是人工智慧（AI）中機器學習的一種演算法分支，可指導電腦以近似於人類思考邏輯的方式來處理資料。

凡行為，可能出乎意料地相當重要；刻意追蹤與自己意見相異、完全不同類別的人，或者有意識地搜尋自己本來完全不關心的資訊，我想也會很有幫助。關於這個主題，在第四章中也會進一步討論。

年齡增長會讓大腦變得保守

如果可以的話，當我們在看待外團體的人時，應該避免用「因為他們是外團體」這樣的理由而加以排斥，而是試著尊重不同想法、互相認同。

然而，從腦科學的角度來看，這是一個很難解決的問題。事實上，不管對於怎樣的對象都能同理，尊重和認同對方，這些能力都涉及高等的腦部功能運作，而這種功能發生在前額葉的眶額皮質（orbitofrontal cortex，又譯眼窩前額皮質）。

該區域大約在二十五到三十歲左右才會發展完成。為了使其充分發育，需要相應的刺激（例如教育）。另外，雖然是腦部重要的部分，卻會因攝取酒精或睡眠不足等因素讓運作功能變差。人類需要花將近三分之一人生的時間才能獲得這種功能，但它相對來說卻退化得很快。

如果把最近常在新聞報導中看到的「暴走老人」想像為一種典型行為模式，我想會比較容易理解。如果老人不容分說，只根據自己秉持的道理，脾氣暴躁、率性行動，也許是因為背外側前額葉皮質逐漸衰退所致。一般而言，人們普遍認為人會隨著年齡增長，思考傾向於保守化，這可能是出於相同的原因。然而，因大腦老化而導致思想變得保守這件事，是真的嗎？這裡所說的保守化，不是政治領域上的保守派之意，而是指更堅持自己原有的思維模式，排斥其他觀點這樣的「確認偏誤」，進而導致思維更僵化。這種情況下，隨著年齡增長，人們或許會變得只能接納自身所屬團體的想法與思維了。

理性思考無法戰勝直覺思考

我們再稍微談談思維上的保守派和自由派。從腦科學角度來看，當理性思考和直覺思考對抗時，幾乎都是理性敗下陣來。這和之前提過的，自由主義派很難勝過保守主義派的理由一樣。以日常生活為例，減肥這件事之所以如此難成功，也是由於這種對立結構所導致的。

個性保守的人做事以安全為重，傾向仰賴自身過去到現在所獲得的成功經驗，深信在不偏離這些經驗的前提下生活是更明智（安全）的。他們認為既安全又可靠的方法更有價值，是謹慎者的優先考量。另一方面，自由主義人士則總是在思考是否有更多新的選擇，以及如何不斷更新邏輯以求進步；他們強烈地相信，這樣的行為模式是人類應有的正確態度。

這兩者可說是腦科學中所謂「由下而上」（bottom-up）與「由上而下」（top-down）[17]的處理過程彼此不相上下地互相攻防。要特別留意的是，同樣的用語也出現在管理學和組織學中，不要跟此處的用語混為一談了。

在腦科學當中，對於依照前額葉皮質所認知的決定來行事，稱為「由上而下」過程。在前額葉的控制下進行的思考，例如「應該減肥」或是「應該採納自由主義觀點」的思考方式，都是由上而下的思考模式。

然而，在進行「由上而下」的思考時，其實很多時候在事後回顧，多半會出乎意料地發現那並非是最明智的選擇。常見的案例是減肥和復胖之間的關係。人們在前額葉皮質進行「減肥有好處」的思考：為了想要外表和姿態變好看、能長壽健康地活下去，或只是想養成有個目標的習

17　編按：由下而上，是指從接收器（感官）收到的外界訊息開始處理的歷程；由上而下，則是以我們原有的知識與經驗去解讀所得知的訊息，試圖將這些新的外來資訊同化成知識與經驗的一部分。

慣，因而決定開始減肥。如此一來，原本人類的「食欲」本能，也就是「由下而上」的需求，變成三百六十五天、在清醒的時候就加以抑制的事情。接著，光是「減肥」這件事就占據大腦過多的資源，因此忽略了許多應該做的事情。結果，人們逐漸認為這麼做很麻煩，或覺得生活沒了樂趣，進而對減肥的辛苦感到厭倦，最終減肥這件事被從主要思考重心中移除，所以無可避免地又會復胖。

自由主義的思維，也就是「打造理想社會」「應該採取正確做法」這種思維，是由前額葉皮質進行控制的。應該要減肥、瘦下來比較好看和健康的這種想法，以及舊思想（也許是錯誤的）應被全面否定、社會應變得更正派的這種思維，都是在面對現實的情況下，抑制了「由下而上」的思考模式，而變成了強制執行的狀態。

這或許是個極端的例子，但讓我們進行一個思想實驗。想像一下你從小就被尊敬的父親教導，他經常告訴你：「如果碰到需要幫忙的人，務必要伸出援手。」父親不只嘴巴說說，更是身體力行，所以你也接受了這種觀念。

那麼，假設現在有鄰居對你提出以下要求：「我家很窮，可以每天給我一些食物嗎？」「你們家車子好多台，可否借我們使用呢？」「我家洗衣機壞了，能不能讓我隨時去你家洗衣服呢？」

如果依照父親的教誨，那遵從鄰居的要求才是正確的行為。然而，如果按照那樣的教誨而持續生活下去的話，最終家產可能都會被鄰居奪走而破產吧。在某些情況下，如果真的都照做，說不定連生命都會有危險。

大腦的設計「無法過於聰明」

這絕非是憑藉個人意志力的問題，實際上為了讓人類保持人性，大腦被設計成不會過度按照前額葉皮質運作，也就是說大腦被設計成「不過於聰明」。為了生存下去，人不得不進食，但如果違反本能一味地繼續減肥下去，可能沒多久就會危害到身體健康，甚至有可能餓死。原本的設計中，大腦「由上而下」的處理程序較弱，就是為了保持健康的正常狀態。

舉一個和女性與生產相關的典型例子。如果女性以維持自身生命為最優先考量，那麼生小孩的行為可能風險過高。實際上在醫療技術沒那麼發達的時代裡，很多女性在分娩過程中去世。然而如果所有女性都選擇不生小孩，人類將會步入滅絕一途。因此，我們另外產生了愛、性欲，以及對孩子的依戀等更強勢運作的大腦機制，這些都是「由上而下」的處理程序無法控制的。

記憶力也是相同的，有些人會希望如果能擁有過目不忘的大腦就好了。不過，人的記憶會變得不完整，彷彿是被設定好的。不只如此，記憶有時會為了方便而自行合成或改寫。就像是和昔日戀人的回憶，可能會與現在配偶的回憶混淆在一起，這種現象也常發生。

雖說如此，倘若能完整記憶的人真實存在的話，會是怎樣呢？他們既無法忘記不愉快的回憶，也無法重新改寫記憶以迎合周圍的情境，這樣的話應該會過著相當辛苦的人生吧。

或許可以說，記憶會漸漸消退或大腦存在重新改寫的機制，是為了讓人類能夠更好地生存下去自然而然的事情。

例如當大腦從經歷過的危險事件中學習，記憶機制就會作為避免類似事件再發生的安全裝置。如果一段時間內沒有出現相同的危機，那麼這個事件的重要性就會減輕，大腦將重新評估該危險事件的重要程度。大腦將優先順序往後挪的重新評估之設計是必要存在的，因為這樣可以更優先地避免高機率和致命影響的危險。如果一直將記憶資源分配給不太會發生的事情，則可能會對重要的事件無法及時反應，於是陷入危險狀態。此外，人們容易受困於過去的失敗經驗，並對成功經歷產生依賴性，因此很難挑戰從沒有做過的事情。

所以，將不過是人類部分能力的記憶力，視為重要能力的現代教育和考試制度，可能反而扭曲了本應被最佳化的人類生存策略。考試時，擁有高記憶力的人確實更有優勢，但將這樣的結果直接等同於優秀與否的評價標準，可能並不合適。

因為科技的發達，人類不完整的記憶力也逐漸被補足，實際上這項技術也開始在社會上被運用。如果使用電腦或智慧型手機來打字，即使忘記文字寫法也沒有太大的關係。原本人類對於漢字的記憶力，就絕對贏不了電腦和智慧型手機；那麼，與其記住使用頻率不高的漢字，不如直接借助電子設備的幫助更好。

現在警察在追捕逃犯時，不僅是憑藉目擊者的消息，也會活用監視器；發生交通事故時，與其根據事故雙方的證詞，行車記錄器的影像更可能被視為高度採信的證據。我們已經承認這些設備的性能優於我們不完美的記憶力，而這些類似的機器性能，今後只會更加進步，我想大多數人應該也有相同感覺。評價一個人優秀與否的標準若還只使用記憶力當指標來衡量，可能已不符合時代所需了。

追求「一致性」的陷阱

人類對於自己一直在說的事、一直持續在做的事、一直深信的事很難做出改變。這是因為人們無意識地被一種毫無根據的信念所束縛，那就是必須以不與自己過去展現的形象矛盾的方式行事。在心理學中，這樣的狀態稱為**「一致性原則」**（consistency）。

一旦宣稱自己是「保守派」，就會變得不得不以保守派的表現行事；只要公開表示過一次「我討厭那個人」，即使之後對那個人重新有了一番認識，也會因為曾經撕破臉而覆水難收，難以修復和對方的關係。

「一致性原則」背後其實隱藏著一個有趣的事實——實際上人類本身並不具有一致性。正因為如此，「應該達成一致」的這種認知才會產生，並且有研究者開始深入探討這背後的原因。

有人喜歡喝拿鐵咖啡，但也喜歡黑咖啡；有人支持讀賣巨人隊，但也不討厭阪神虎隊；有人討厭川普，但喜歡美國人；有人討厭韓國，但喜歡聽 **K-POP**。像這樣乍看矛盾、不一致的組合，其實可以想到無數種例子。儘管可能在言語表達上存在差異，但人類本質上並沒有一致的喜好或判斷標準。

這是個有趣的現象，但只要稍不注意，人類就會被自我強加的一致性深深束縛，陷入無法進行彈性思考的圈套。

人類之所以很難完美地實現自己所編造和建構的理想社會制度，是因為人性是多樣的，與刻意追求「一致性」的意識，以及試圖控制社會制度的想法之間並不相符。

以民主制度為代表的社會制度，是以人類想出的一種「應該如此」的理想體制為前提而設計出來的。然而，構成社會的個體大腦並非總是具有一致性，且就大腦來說，「由上而下」的理性思考功能原本就較弱，所以依賴這種（理性）的社會制度本身就帶有一定的脆弱性。人類需要成長到一定年紀，才能開始理解並同情他人，而這樣的功能不久後便會開始退化，變得容易魯莽行事，不聽他人意見只堅持自己的正義觀。因此，仰賴大腦這樣的結構來設計社會制度是危險的，但大多數人都沒有意識到這一點，真是令人感到不可思議。

那麼，如果不仰賴由人類自行設計的制度，而是藉由人工智慧找到對所有人來說最理想的策略，就能解決問題嗎？我想就現階段來說，這還是一個難以實現的目標。目前由大數據和深度學習技術所建構的人工智慧，我認為人類整體的粗糙性和不一致性可能會因過度擬合（overfitting）[18]而被放大，這反而可能會導致人們不期望的結果發生。

正義中毒帶來的快感和煩惱

陷入正義中毒之中，藉由抨擊他人而感到愉悅的人，有時也會忽然懷疑自己這麼做是否錯了。看到他人違背自身正義觀就加以怒罵對方是「笨蛋」的自己，是否其實反而是「不正確」的一方呢？這些人也許正一邊抱著這樣的矛盾心情，一邊自我反省而感到難受。

這其實也是大腦機制的一部分。透過攻擊他人，大腦可能也同步接收了某種「負回饋」（negative feedback，這裡指抑制誘發怒氣和攻擊行為的賀爾蒙之分泌）。如果在相同情況下也接收到「正回饋」（positive feedback，促進上述賀爾蒙之分泌），則可能會導致雙方失去控制，爭執甚至戰爭也將隨處爆發。

這樣的負回饋功能究竟是原本就存在於人類身上，或是後天才生成

---

18 編按：過度擬合是一種不理想的機器學習行為，可能是因為訓練資料不足、不具多樣性，甚至是訓練次數過多或是太過徹底，導致這個模型只對於訓練資料集內的數據有高準確率，但是對於未知的新事物和數據則無法良好預測。

的，目前還沒有確定的結論。

我自己也無法對這種矛盾的想法居然能在腦內共存提出一個合乎科學的解釋。不過有一種有力的假設是，個人多樣化價值觀（有時是矛盾的）共存的情形，可能是為了應對環境急遽變化或新價值觀崛起，為保持能在一個世代內作出應對的可能性而保有的生物基礎。如果從「動態平衡」（dynamic equilibrium）[19]角度來看，通過這種方式，即使不依賴基因特質的演化，也能迅速改變生存策略以應對環境變化。

19 編按：動態平衡是指開放環境中的族群，在環境因素的限制下，透過能量流動、物質循環和資訊傳遞，使族群與環境之間達到高度適應、協調和穩定的狀態，此狀態具有自我調節的能力，若有外來干擾改變了平衡關係也能自行調整為新的平衡狀態。

第4章

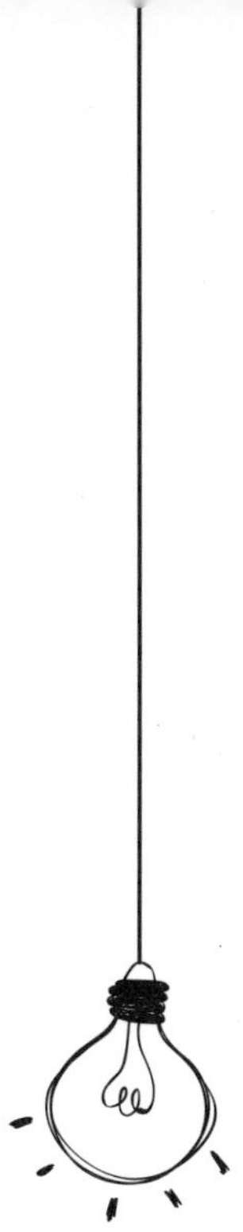

讓自己從「正義中毒」狀態解脫

心平氣和生活的訣竅

在最後一章，我們將討論如何從任何人都可能陷入的「無法原諒他人」狀態中尋求解脫的科學方法，以及如何在日常生活中鍛鍊前額葉皮質。同時，我也會分享「看待事物的角度之訣竅」，有助於我們日後能用心平氣和的態度生活。

對人類來說，群體的形成本身就是一種正義，是為了生存而採取的手段，因此天生具備守護群體的功能是至關重要的。此外，大腦前額葉有抑制正義中毒的功能，但此部位會隨著年齡增長而有逐漸萎縮的傾向，意即想要完全擺脫正義中毒的狀態是很困難的。

在這種情況下，要是我們能試著轉換思考方式，或許是一種可行的方法。若將被創造為社會性生物在這個世界上生存視為一項優勢，這樣的觀點能夠使我們更有效地制定應對不同情況的策略。

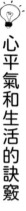

客觀思考「為何無法原諒他人？」

首先，能**認清自己是否處於正義中毒狀態**，是非常重要的一件事。這種狀態的徵兆，是要先觀察「無法原諒對方」這種情緒是否湧現。如果可以認知到自己在何時會有「無法原諒他人」的情緒的話，就能客觀地看待自己，以抑制正義中毒狀態出現。

無法原諒的對象不一定是具體的人，也可能是某個事物。像是「這個電視節目真的很無腦！」「某某黨真是無法原諒！」「我無法喜歡某某教派」「最近的年輕人真的不行」等令你感到憤怒的情緒湧現時，在這些情緒進一步增強前先深吸一口氣，停下來判斷「自己的中毒症狀是否正在變嚴重」。

這種時候，沒有必要責備和過分貶低不能原諒某事或某人的自己。如同前述，人類原本就是如此容易被愚昧情感所影響的生物。我們更應該要留心的是，平時謹慎抑制的情緒，會基於什麼原因而一下子大爆發。即使我們每天都因為日常生活中的小事，忍不住在心中浮現「那傢伙根本是笨蛋」的聲音，這種時候不妨先試著暫停一下，有意地對自己表示「等等！」這樣的行為可能可以更有效地成為一種適當的制約力。

若我們更積極地思考，我們之所以會將與自身不同的外群體視為「無法原諒的人」「根本是愚蠢至極的人」，正義中毒當然原因之一；但如果再進一步探討，我們能與其他人建立關係，也可以理解為個人在情感和思考的資源上有足夠的餘裕，才可以去關心他人。

有研究報告指出，人類大腦的大小和功能，自工業革命後就沒有出現多少變化，但現今的生活方式卻與過去相比有著很大不同。在工業化以前，維生必需的家事活動很費工夫，例如只是煮一鍋飯，不只要到大老遠的地方挑水，還得擔心明天還有沒有食材；而如今，在已開發國家中已沒有這些問題。

居住在現代已開發國家中的人們，因此有了考量其他事情的餘裕。相較之下，從前為自身生活已經疲於奔命的人，根本沒有餘裕在乎群體之外的人們所作所為。這也就表示，現代人擁有關心他人的餘裕。光是這樣的演變，我們就有可以讓世界變得更好的理由。

懷念「過去眞美好」，是大腦衰退的徵兆

如果你經常過於沉浸在「過去真美好」這種念舊心情，可能需要特別留意一下。懷念過去的想法或行為，也許是大腦前額葉皮質老化的徵兆，並且和正義中毒是相同的成因。

大腦能夠巧妙地置換過去的記憶，將痛苦經驗和日常瑣事抹去，只留下美好回憶。因此，我們有必要思考回想起來的記憶是否已被美化。或

許正因為被美化，才會讓那些回憶想起來是「很美好」的。

例如，有時可能聽到類似以下的話：「過去的時代真是太美好了，昭和時代[20]的政治家都很有衝勁，有個性又有毅力，充滿領導力，是不是應該回到從前呢？」你可能在某處聽過這樣的內容，甚至有人可能會對此產生共鳴。

然而，如果仔細回顧歷史紀錄，我們如何確定昭和時代的政治家比現代的政治家表現還要好呢？我想應該不容易吧。就算是當時的媒體也會質疑同時代的政治家，而且選舉規則也不同。社會演變至今，也是經過一段長時間的改革，然而這些事不太會被提起，甚至是被遺忘了。不顧

20 編按：昭和時代（一九二六年－一九八九年），是指昭和天皇在位的時期，這時日本經濟高度成長，是充滿動盪與變革的時代。

時代洪流的演進，只是片面地說「當時真好」，我想這似乎只是一種方便的說詞罷了。

人們常常陷入這種思緒的背後成因，可能是源於腦部的老化。隨著年齡的增長，讓前額葉皮質功能衰退，變得較無法接受新事物。

這樣的思考模式，可以在各種場合中看到。例如，只喜歡聽老歌或欣賞昔日的影視作品、覺得聊往事很有趣、只喜歡吃類似的食物、比起交新朋友，覺得和舊友再次重逢更令人開心等。當然，我不是說以上的事情全都不好，只是提醒各位如果有這樣的傾向出現，務必留心可能是前額葉皮質衰弱的徵兆。

另外，這樣的思維模式也時常伴隨著記憶美化。例如懷念起昔日的戀人，雖然現在的樣貌和性格應該已有所變化，但在記憶中的形象卻還是如同當年沒有改變。有時，明明是自己做了不對的事才導致分手，在記憶中卻還是像從前那般感情很好。人們通常只會記得往日甜蜜時光，卻忽略自己曾做過的事，這樣的情況相當常見；但相對地，自己被對方傷害的事卻絕不會忘記。這種傾向很常發生，也是大家應該要特別留意的地方。

三十歲是大腦成熟的精華時期

可能有人會開始擔心自己的大腦老化程度。事實上，人們的前額葉皮質發達程度或衰退的情形，可透過磁振造影檢查（ＭＲＩ）來測量前額葉皮質的厚度以進行推測。

前額葉皮質厚度因人而異，而且到成熟為止需要經過很長一段時間。在這個過程中，個體差異會逐漸增大；同樣地，從尖峰到衰退時也同樣存在差異。

當然差異背後有先天性因素存在，但基於目前所知的實證，事實上受到環境因素影響也很大。也許對一些人來說，得知「可透過努力來改善」令人鬆了口氣；但也不免有人會感嘆「沒有一個好的環境，我可能永遠無法改變」，這是個相當敏感的話題。

進行磁振造影檢查時，前額葉皮質的肥厚和成熟程度因人而異，平均而言，大約會在二十歲後半到三十歲左右趨於成熟。在這個時期，被稱為白質的部分會逐漸膨脹變大，厚度也會越來越厚。

所謂白質，就是軸突（神經細胞的突起部分）上的神經纖維聚集在一起，也可以說是「大腦的線路」。在人類出生時這部分還像是裸露的電線一樣尚未發育，隨著人類成長，脂肪層開始包裹這條原本裸露的電線，使之變成類似有絕緣層的電線。當包覆完成後，動作電位（action potential，細胞受刺激而出現電位差）傳遞訊息的速度就會加快。

為何傳導速度會加快？是因為這個包覆物質會沿著軸突以一段一段的型態進行包覆，而動作電位會透過這些間隔處以跳躍的方式傳輸，也稱作「跳躍式傳導」。當跳躍式傳導發生時，動作電位會以快五十倍到一百倍的速度進行傳導，這也是大腦進入成熟的狀態。這所謂纏繞軸突的脂肪層稱為髓鞘（myelin sheath），而白質周遭有脂肪層包圍的現象稱為髓鞘化（myelination）。

大腦會因髓鞘化而成熟，而髓鞘化發生的時期在大腦不同部位會有所不同。例如最早在嬰兒期發生髓鞘化的，是運動輔助區的神經元。

相較之下，關於本章提到的前額葉皮質部位髓鞘化，卻顯得非常遲緩才發生，大約在青春期初期才終於開始。最早熟的情況下約在七歲開始，晚一些則大約在九歲左右才開始發生。然而，開始的時間並不是關鍵，事實上，有觀點認為開始得越晚，髓鞘化反而可能更加活躍。

而前額葉皮質的髓鞘化完成時期，也比大腦其他部分的發達高峰更晚，約在二十五歲到三十歲前後。也就是說，人們在二十歲左右，其實大多數人的前額葉皮質仍然處於發展中的階段。

俗話說的「年輕氣盛」，若從腦科學角度檢視的話，可能是因為前額葉皮質尚未發展完成，缺乏抑制能力，也無法準確地預測危險，因而可能表現出魯莽的行為。儘管這通常會被解釋為經驗不足所造成，但就腦科學方面，可以說是前額葉皮質尚未發展成熟，年輕時對他人的共感能力和控制力不足，所以無法做出適當的判斷。

前額葉皮質的髓鞘化發生時，白質看起來會變得更厚，這是由於脂肪層纏繞神經纖維而產生的效應。

過去認為，隨著年齡增長而造成大腦功能減退，是前額葉皮質的髓鞘化所造成，因為腦中的灰質（神經細胞的細胞體集合部分）和白質看起來灰質減少而白質相對地增加。然而進入本世紀，這一傳統觀念受到質疑，現在更傾向於將白質厚度視為前額前葉皮質成熟的一個重要指標。因此，在迎接髓鞘化巔峰的三十歲前後，如何保持白質厚度，可說至關重要。

大腦會因經驗而進化

包括人類在內，生物遺傳特性的進化（或退化）需要好幾世代的時間。然而，每個人的性格和思考方式，以及由此形成的群體行為，甚至延伸至輿論和社會常識等，可以不經歷世代變遷便發生變化。

這正是前額葉皮質的一大優點，它允許個體同時受他人和周遭影響，並在一個世代（也就是一個人的一生當中）內行為舉止就會產生變化。以日本來說，近期ＬＧＢＴ族群[21]快速地受到社會接納以及伴隨而來的各種變化便是一個例子。

人類大腦有著觀察自身結構，得到反饋後進而自我調整的功能，也就是大腦本身可以俯瞰自己的運作情況，會因為「我有這個傾向，今後需要這樣進行改變」的意識而加以修正。這在生存策略上占有很大優勢，我們也將這類運作功能強的人稱作「頭腦很好」的人。

另一方面，由於這是前額葉皮質所肩負的功能，而隨著年齡增長運作功能會開始衰退，導致行為難以做出改變，使人看起來可能變得頑固又保守。

這個功能固然因人而異，但是功能強大就是好事嗎？其實並不一定，如果功能過於強大，可能會因為過度調整而變得太複雜敏感。究竟這種功能強大到什麼樣的「水準」才適中呢？這並沒有明確答案。但無論如何，任何功能過強或過弱，對於人們生存來說都不會是件輕鬆的事。

有不會衰老的大腦嗎？

對困擾於「無法原諒他人」的讀者們，或許會對得知前額葉皮質這個重要部位會隨年齡增長而萎縮感到失望。遺憾的是，這是一項事實，隨著年齡的增長大腦細胞會逐漸死亡。即使到了老年，前額葉皮質也會進行神經新生（神經細胞源頭的神經幹細胞分裂為神經細胞），但因為新

21 編按：LGBT是由「女同性戀者」（Lesbian）「男同性戀者」（Gay）「雙性戀者」（Bisexual）與「跨性別者」（Transgender）的英文首字母組合而成的。除了狹義的指上述族群，也可廣泛代表所有非異性戀者。

生成的神經細胞沒有髓鞘化，所以還沒併入神經迴路就已經壞死。

不過，神經的生成也是因人而異。再怎麼說，大腦也是身體的一部分，經常使用該部位和不怎麼使用該部位的人，運作功能就會有所差異。例如，當進行不合理的飲食控制，或強大壓力排山倒海而來時，也可能會影響大腦神經細胞的形成。

無論是什麼樣的人，都不可能一直維持年輕時發育成熟的前額葉皮質功能，且持續強力地使用。三十歲的大腦功能和六十、七十歲的大腦功能差距相當大，即使看似進行相同的處理，構成神經細胞的物質也會如消耗品一樣不斷更換，整體而言也會減少。要維持大腦功能最佳狀態數十年，只能說幾乎是不可能的事。

另一方面，也有些人會被評論「那個人隨著年紀增長，說話也越來越睿智了」。這表明了隨著年齡增長，在多數人大腦都會衰弱的情況下，也有一些相對不太會衰弱的人們，甚至其中也會有人比年輕時發揮得更出色。

從腦科學觀點來看，確實存在讓大腦不易衰退的方法和習慣。接下來，我們將介紹幾種可在日常生活中鍛鍊前額葉皮質的方法。

不老化的大腦訓練法

前額葉皮質是進行分析性思考和客觀性思考的地方，如果能良好運作，人們就不會受到眼前的得失所困，而會聰明地選擇以長期眼光衡量利弊，連帶社經地位也可能提高。如果你處於抑制某種衝動，或者迫不得已地根據某種情況行事的狀態，便可以認為那是前額葉皮質正在發揮作用。

前額葉皮質功能正常的人，日常生活中不會囫圇吞棗地納入「我就是這麼想的」「反正就這樣決定了」等如此僵化的觀念、常識和偏見，他們總是會基於事實和數據，作出理性和客觀的思考。

也就是說，如果養成在日常生活中進行理性和客觀思考的習慣，或置身於不得不如此的情境中，使前額葉皮質能受到鍛鍊，便可望能夠抑制衰退發生。

一旦維持前額葉皮質的良好運作後，人們就能運用前額葉皮質的重要功能——**「後設認知」**（metacognition）。所謂「後設認知」，就是能夠客觀地認知自身能力。進一步地說明，就是指「知道自己在做什麼」「有自覺自己目前處在這樣的情緒」等。當人們自問「我現在這種狀態，真的沒關係嗎？」也是前額葉皮質在運作，以及後設認知發揮作用的關係。養成經常客觀看待事物的習慣，啟動後設認知的能力，就有助於鍛鍊前額葉皮質。

比起終日行程緊湊、忙碌度日，能有餘裕回顧反思自己的狀態更重要，這對前額葉皮質的鍛鍊來說是非常關鍵的。

接著，我們來審視日常生活中應注意哪些事項。

・捨棄習慣，嘗試新體驗

新的體驗聽起來或許有點誇張，但我們可以嘗試與平常習慣有所不同的事物。如果太習慣成自然的話，大腦就不太容易接收到新的刺激。這並非只有前額葉皮質受影響，還會減少大腦本身的活動機會。相反地，當面對不熟悉的事物時，大腦就需要更積極地運作。以下會舉幾個日常生活中的具體情境。

★要領：走與平常不同的路線

在因通勤而從住家往車站移動時，或去附近便利商店買東西等日常固定的移動路線上，刻意改變步行路線吧！

通常，我們在選擇路線時大概都是想著「選擇最短距離」或是「在不經意間就一直走這條路線」，甚至多半情況都是不加思索地選擇「與平常相同」的路線。那麼，有時不妨刻意做出與平常不同的選擇。

即使不完全變更路線也沒關係，也可以嘗試有意識地改變一下日常習慣，如原本習慣在大馬路上一直靠右邊步道行走，不妨特意走靠左側的步道看看；或者過馬路時，嘗試選擇到不同的路口等待等微幅變化。像這樣「與日常不同的行動」，就可以促進前額葉皮質的活動。如此一來，也能獲得至今未體驗過的、從嶄新視角帶來的新發現樂趣。這對大腦而言，也是很棒的回饋。

★要領：變換「常點的菜」「常去的店」

飲食在日常生活中不可或缺。在外用餐時，我們可以嘗試選擇新的菜品，而不是平時習慣點的；或者不去本來常光顧的餐廳，而是開發新餐廳等，像這樣的行為都可以活化前額葉皮質。另外還有像是購物時，特意去不同超市、買平常不會買的東西，有意識地將自己置於舒適圈之外。

同樣的模式還有改變平時的穿著風格、探索不同的旅行目的地等，有無數種選擇。當我們試著改變日常生活中經常做的事情時，就能夠增加前額葉皮質受到刺激的頻率。

・置身於不安定或惡劣的環境中

我想要特別推薦的一種方法，是試著刻意讓自己處於隨時變動或嚴酷的環境裡。這聽起來可能是一個高難度的挑戰，但這麼做的意義卻是巨大的。

在社會動盪、情勢混亂、價值觀激烈變化的世界中，如果不活用前額葉皮質所掌管的功能的話，甚至連好好生存下去都很困難。縱使不必讓自己身處極端的狀況中，然而大多數人在面對未知情況和無法預測的事態時，單憑過去積累的知識、常識，或者社會信譽和地位都是不夠的。因此，對於新資訊的蒐集，秉持理性、客觀的思考是非常重要的。如果你能成功地應對這種情況，你也許就能夠抓住機會大展鴻圖，例如白手起家、開創新事業並取得成功。

相反地，在一個穩定的社會中，維持體制是最大的共同目標，因此理性、客觀思考的重要性就會下降。如果每個人的人生都旨在追求穩定，那麼像大富豪在一夕間財產盡失，或在經濟條件不佳的環境下長大後、人生大逆轉成功擠進富裕階層，這種天差地別的階級變化的案例也會減少。因為自身沒有抱持強烈的追求，所以在已決定好的軌道上前進的人生價值會提高，偏好這種生活方式的人會占了多數。在社會穩定的狀態下，人們會產生一種錯覺，認為自己所屬的群體規則就是整個社會的規則，也對於社會上存在不同規則這件事感到難以理解。

在經濟富裕的環境中長大，學習能力較高的人們，通常從幼年時期就會進入一所聚集同樣水準人才的學校，追求所謂的精英生涯。另一方面，因為經濟因素而放棄升學，國、高中畢業後不得不立刻工作的人也不在少數。這可能導致這些不同背景的人之間在互動上產生一些問題，「只有高中學歷沒用」「大學四年只是在玩」「東大畢業的官僚精英正在腐蝕日本」「不想和底層的人扯上關係」等情事不斷發生。最終，對於和自己條件不同、經驗也不同的群體，變得很難加以理解和共感，形成了一種混亂的狀態。

那麼，有沒有可能讓不同階層的人更加寬容地看待彼此的規則，相互共感體諒呢？然而，刻意打破社會秩序，或者甚至從極端一點的角度來說，將現今的社會體制先全部推翻，再從零開始再次建構，並不是一個現實的選擇。

其實這自古就有良策，例如從古早村落時代流傳至今的節日祭典慶祝活動。在祭典舉辦期間，群體規則會被暫時重設，人際之間也會有所流動（即使只是暫時性的）。由於這時人們不受組織規則所束縛，得以互相交流，在不受群體偏誤影響的前提下就有機會彼此共感。此外，若想要更加穩定、長期的來往形式，便應重新思考擁有優越條件的人應該「將寬容視為義務」，才能創生富饒的環境——這樣的想法相當於歐洲傳統的「貴族義務」（noblesse oblige，身分地位高的人，應盡符合身分的責任和義務）之觀念。

上流階級在培育繼承人時，會特地安排讓繼承人進入不同環境中體驗學習，是一種典型的訓練方式。例如，若身為大企業家的繼承人，就必須了解從商之道，以及職員和顧客的心理；然而，如果從出生開始就在富裕的家庭中被過度寵愛長大，就難以有機會與不同階層的人接觸。因此，刻意安排他們離家，把他們放置到不同環境中讓他們學習、成長，是很常見的作法。若置身在舒適圈外的嚴苛環境，後設認知能力將會有效提升。

此外，也有某些原本沒有這種意圖，但結果卻演變成如此的情況。例如從幼兒時期起就不斷被送去當人質、嘗過艱辛滋味的德川家康，和沒有接觸多樣化價值觀的豐臣秀賴相比[22]，導致他們作為政治家的能力出現了明顯的差異，這也是可以理解的。

22　編按：豐臣秀賴是武將豐臣秀吉老年得子，因此對其疼愛有加，甚至為秀賴誅殺了原本的繼承人一家。但是豐臣秀賴最終在大阪之陣中被迫切腹，也象徵豐臣氏的結束。

類似的想法在現代仍然存在，例如代代世襲的百年老店，子女在繼承前會先去其他企業實習等作法。

另外，近年備受關注的正念（mindfulness）[23]，也有同樣效果。練習正念，不僅可以重新認識自己的思考和行動，藉由用心去意識和覺察，也有助於提升後設認知的能力。這也可說是以一種比較迂迴的方式，重新審視自身平常難以特地鍛鍊的心理健康。

在此也補充一下，除了前面所提到的特地走與平常不同路線的作法之外，不制定計畫說走就走、一個人出發去旅行也是一種不錯的方式。這樣漫無目的順其自然的旅程，一切都必須自己做出決定，相信途中一定會有出乎意料的事情發生。人為了在陌生環境中生存，從前額葉皮質到整個大腦都會被活化。當然，仍必須把人身安全放在第一位，在確保安全的狀況下，克服毫無預期的突發狀況時，會產生一股充實感，而這是由於大腦獲得新的成功體驗所帶來的愉悅。

★要領：接觸「絕對不會看的書」「不感興趣的書」

閱讀對人們來說，就像是不必讓自己實際置身在各種不同環境，透過書本即可輕易體會到類似感受。在閱讀方面最有效的方法，就是試著閱讀自己平常「絕對不會看的書」或「不感興趣的書」。盡可能接觸與自身立場差距極大、想法截然不同的作者的作品，以及到目前為止不曾關心的書籍類別。

當我們想要閱讀書籍時，除非是因工作或考試等必要性因素所迫，否則會入手的大多是自己喜愛的作家之作品，還有原本就感興趣的類型。即使逛網路書店，通常系統自動推薦的，要不是以前讀過的作家作品，

23 編按：正念是指在當下全心全意地專注於自己身體的感受、內心想法，以及外在環境，不帶任何評價或批判，保持留心的覺察，有助於身心的從容穩定。

就是買了同一本書的網友曾經買過的書，總之都是喜好類似者會買的書。

因此，大家不妨試著閱讀看看自己從前「絕對不會看的書」。其實不用想得太難，只要開始在書店裡翻閱就可以了。可以特地選擇不同性別、不同經歷、完全沒有興趣的類別或主題，還有「不喜歡的作家」之作品。

日本教育出版公司倍樂生公司（Benesse Corporation）的董事福武英明先生，在搭乘長途班機時會特地選擇平常絕對不會看的電影，去書店也會特地買平常不會買的書。雖然這是福武先生個人的信念，但以腦科學角度來解讀的話，其實是一種培養有彈性的共感能力、跨越既定價值觀和社會觀念束縛的腦力訓練。

以此為出發點來思考，書本會是一種很棒的工具。畢竟如果想直接向作者本人請教，首先要想辦法和本人見面，這可需要花費不少時間和金錢。更甚者，如果作者已不在世上，那更是想見也見不到了。然而，利用書本這個媒介，就可以輕易截取作者的思想精華。如果讀了發現真的不合胃口，中途放棄就好。比起和作者本人見面卻發現話不投機半句多，閱讀這樣的方式絕對不會引起不必要的摩擦。

澳洲國立大學和美國內華達大學的研究學者，曾於二〇一一年到二〇一五年在三十一個國家，針對二十五歲到六十五歲、共十六萬名受試者，執行「國際成人能力調查」（Program for the International Assessment for Adult）研究計畫，並對研究所得的數據進行分析。研究結果顯示，他們的閱讀能力和數學考試成績與十六歲時家中的藏書數量有關連性。為何會呈現這樣的數據尚無法有明確答案，但目前的觀點認為，家庭成員包括父母在內，在家中使用詞彙的豐富度，以及是否能經常接觸不同的價值觀，可能和孩子的智力發達深切相關。

從腦科學角度來說，在家中有很多藏書的環境中成長，與前面提過為了培養企業接班人特地安排他到其他環境實習，兩者是有共通點的。成長過程中只吸收雙親觀念長大的孩子，與和雙親以外的人士有密切互動的孩子，在性格形塑上會有所差異（無論好壞）。同樣的道理，在藏書豐富的家中成長的孩子，即使只有看過寥寥幾本，但身處其中的孩子也會提早意識到「這世上其實有各式各樣的觀點」，讓他們更有機會在大腦發育時期度過更有意義的時光。

★要領：防止網路帶來的資訊偏食

如果想要取代買書，改採不花費成本的手段，那最快的便是吸取網路上的資訊了。

如前所述，網路的普及和對網路的依賴，讓正義中毒症狀更加蔓延擴散。此外，你的嗜好和想法，也都從「搜尋過什麼關鍵字」「點閱了哪些新聞」「時常瀏覽什麼網站」等網路行為，被蒐集成個人資訊，然後再讓廣告商用來對你精準投放廣告。

就廣告成果而言，這是非常有效的手段，但很遺憾地也存在負面影響。由於網路會不斷跳出你所關注的資訊，讓你就像置身於虛擬的封閉環境一樣，接觸與自身嗜好不同的意見和資訊的機會大幅減少，與他人產生共鳴和理解他人的能力也會越來越難以培養。

就個人而言，根據「你喜歡這種東西」的演算法，網路會持續投餵你我類似的資訊，這也代表了我們如何使用網路這件事，其實一直都被監控著，著實令人感到不太舒服。

在這種情況下，我在上網的時候，有時會刻意搜尋原本不感興趣的關鍵詞，積極瀏覽平常不太會看的新聞報導。我會想像出一個與平常的自己不一樣的角色，試著去搜尋一些平常不會關注的資訊。例如，我雖然沒有小孩，卻會搜尋育兒和托兒所相關的問題、搜尋從未去過也不感興趣的國家或地區的話題，或是沒有預計要購買的不動產或寵物的資訊。此外，調查看看與自己立場不同的人的成長背景和學習歷程，也可能是一種好方法。

透過這種方式，我能夠搜尋到與自己屬性不同的人們的思考方式、煩惱和關心的事情等，刻意接觸這些與網路廣告公司所推薦的完全無關的資訊。如此，我想就能有效預防資訊偏食，說不定還可以獲得意想不到的知識，以及開拓自己的眼界。

總而言之，網路不過是一種工具，它究竟是會加速資訊偏食，還是能用以預防這樣的現象，端視個人是否有意識地及時作出改變和如何使用。

・避免隨意貼標籤和將人歸類

當某個事件發生時，如果發現自己經常把人分類、貼標籤，例如出現「因為A就是○○○」「我知道啊，B不就是○○○那樣的人嗎？」等思考方式，就要特別留心了。

上一章提到，把和自身不同的人單純地歸類成非我族類的話，其實對大腦而言是很輕鬆的一件事。只要對群體外的人貼上標籤，就可以不必動用前額葉皮質進行資訊處理，大腦也就不會消耗過多腦力。只是，這樣隨意地分類，將他人歸類為「反正就是會做那種事、就是會那樣想」的人，雖然確實省事也輕鬆，但相對地前額葉皮質卻也喪失運作的機會。

我們必須確實認知到自己是否陷入這種便宜行事的陷阱，並且要充分意識到，當發現自己傾向輕易替人貼上簡單的標籤，背後其實是因為大腦構造存在著弱點。

・游刃有餘的重要性

要讓前額葉皮質發揮作用，我們是否保持游刃有餘是一項關鍵。

所謂用大腦思考，和前額葉皮質運作的過程，幾乎可說是同一件事。為了實現這一點，大腦有必要時常保持在有餘裕的狀態，也就是讓大腦維持著一種不必將太多資源分配給其他領域的狀態。

因為睡眠不足導致工作和人際關係出現問題感到懊惱，或經常面臨時間緊迫的情況，在這些情境下前額葉皮質就很難運作。因為大腦必須立即處理當前面臨的問題，沒有餘裕去接受新事物或進行深度思考。

如果對於我目前為止提出鍛鍊前額葉皮質的方法都沒有太大興趣，不妨重新檢視自己的狀態，試想看看該怎麼做出調整，才能讓大腦時常保持有餘裕的狀態。

例如，你會在什麼時候產生試穿從未嘗試過的衣服的念頭呢？恐怕不會發生在從睡眠不足中醒來的時候吧。同樣地，當你正陷入某個嚴重問題的漩渦中，可能也難以產生這樣的念頭。

我們傾向選擇以習以為常的狀態行動，往往是因為當時腦中並沒有多餘的資源可以分配給新事物。在重要演講前感到緊張的時候，根本沒有餘裕思考待會結束後是否不要去常去的簡餐餐廳，而是去剛開張沒多久、不知道好不好吃的拉麵屋試試看。像這樣的考量，其實是根據大腦運作而做出的合理選擇。

然而，每天不假思索地持續做出同樣的選擇，雖然既輕鬆又合理，但當每天過著變化不大的日子，腦力就會開始減退。我想，每天被工作和生活追著跑、忙到不行的人肯定很多，但為了大腦著想，即便是小事，創造能讓前額葉皮質運作的餘裕，是很重要的。

★要領：縮短通勤時間

有調查結果顯示，如果將讓前額葉皮質運作的餘裕當作最優先考量，那麼盡可能地避免「需要忍耐的事」比較好。

根據經濟學家布魯諾・費萊（Bruno S. Frey）在二〇〇四年發表的研究報告，相較於長時間在擁擠的捷運裡通勤的上班族，通勤時間沒那麼長的人工作效率較佳（長時間通勤對生活幸福感來說，會帶來很大的負面影響）。此外，根據英國西英格蘭大學（University of the West of England）進行的研究顯示，雖然該研究並非關於整體生活滿意度調查，但研究報告指出通勤時間每增加一分鐘，工作和私生活的滿意度就會下降，壓力會增加，個人的心理健康程度也會惡化。這些研究意味著，嘗試有餘裕地思考不只可以幫助前額葉皮質正常運作，對個人的幸福感也會有所影響。

透過飲食和生活習慣鍛鍊前額葉皮質

飲食和生活習慣的改善，對提升前額葉皮質功能的運作效率來說是非常重要的。

以下會提出幾個能從飲食和睡眠方面立即著手的方法。

・飲食：對大腦健康有益的 Omega-3 脂肪酸

原則上為了維持大腦健康，建議大家要「飲食均衡且多樣」，尤其是為了盡可能維持前額葉皮質功能運作，積極攝取 Omega-3 脂肪酸（不飽和脂肪酸）是很重要的。

這是因為 Omega-3 脂肪酸是在前述的髓鞘化過程中，纏捲包覆在神經細胞上的髓鞘之原料。

Omega-3 脂肪酸從數年前開始就是受到關注的熱門話題。也許很多人日常生活中就會攝取，但 Omega-3 脂肪酸到底是什麼？人們可能還是不甚了解。

在此稍加解釋，脂肪是由甘油和脂肪酸所組成的，詳細來說是由一個甘油分子與三個脂肪酸分子結合而成。脂肪是維持人體運作的能量，酵素會分解脂肪，讓甘油和脂肪酸分離，分離後的脂肪酸就被稱為遊離脂肪酸。

遊離脂肪酸有很多種，當中碳原子間具有雙鍵的脂肪酸，被稱為不飽和脂肪酸。在這其中成為髓鞘原料的是從 Omega（一邊的末端）算起的第三個碳之間的雙鍵的脂肪酸，也因為是從 Omega 起算的第三個不飽和脂肪酸，而被稱為 Omega-3 脂肪酸。

Omega-3 脂肪酸當中，較為人所知的是ＤＨＡ（Docosahexaenoic Acid，二十二碳六烯酸）和ＥＰＡ（Eicosapentaenoic acid，二十碳五烯酸）。根據美國國家衛生研究院喬瑟夫・希貝恩（Joseph R. Hibbeln）博士的論文指出，魚類吃的量越多，越不易罹患憂鬱症；相對地如果吃得少的話，則可能較容易罹患。

Omega-3 脂肪酸富含在鮭魚、鱒魚、鮪魚、沙丁魚、鰤魚、鯖魚、秋刀魚等在日本統稱「青魚」的魚類油中，另外像是牡蠣等貝類、核桃等堅果類，以及芝麻油和亞麻仁油當中也都含有 Omega-3 脂肪酸。因此，於日常飲食中多多攝取這些食材將會對大腦健康有益處。

・睡眠：避免睡眠不足，在空檔時補眠

最好的睡眠時間和睡眠模式因人而異，因此過度關注時間長短並不是一個好方法。但睡眠不足，不管是一時或是習慣性的，對大腦來說都會造成不好的影響。

研究發現，睡眠不足會造成控制力降低，例如可能和伴侶以外人士發生性行為的機率會增加；生理層面的影響，則會導致思考力、記憶力和學習能力低落。因為一旦睡眠不足，造成樹突（神經細胞上形成突觸連結起點的棘突）肥大的話，突觸就很難生成，長期增益效果（long-term potentiation，突觸的訊號傳導效率能持續提升）也更加難以實現。總而言之，這可能會使學習新事物變得困難。

我們偶爾會有因忙碌而睡眠不足的時候，或是長期因為緊繃而持續處於睡眠不足的狀態。對大腦來說，這兩種情況都不理想。在某個動物實

驗中，當白老鼠一天不睡時，突觸就無法發揮長期增益效果；兩天沒睡的話，突觸更無法起作用。

根據多項研究，補充睡眠不足的最佳方式之一是在有需要時進行短時間的休息或午睡。如果過於忙碌，無論如何都沒辦法確保睡眠時間的話，建議可利用空檔時間，稍微小睡一下也有幫助。

常聽人們抱怨隨著年齡增長，總是無法擁有品質良好的睡眠，常見的情況包括睡眠很淺、早上很早就起床、睡眠時間很短等。其實這應是隨著年齡增長的自然生理現象，不必太過悲觀看待。

會想睡覺，是被稱作「睡眠荷爾蒙」的褪黑激素所引起的。褪黑激素是腦內物質之一的血清素的衍生物。人們二十多歲時，體內分解褪黑激素的功能不強，因此會睡得更久或更容易起不來；一旦年紀變大後，褪黑激素分解速度會變快，也就會比年輕時更難以入眠。

如果覺得隨著年齡增長而變得不容易入睡，那麼增加褪黑激素的源頭——血清素的分泌量，或許是可以考慮的一種方法。血清素以色氨酸（平常進食中攝取到的必需胺基酸之一）為原料在體內合成，如果血清素不足的話，褪黑激素當然也會不足。褪黑激素分泌量少的話，很快就會被分解掉，假如體內含量不足就會難以入睡，這時增加血清素就是解決辦法。

為了增加血清素的分泌量，盡可能找機會多沐浴在陽光下是很重要的。能在白天養成進行輕度運動和散步等習慣更好，如果覺得難以做到的話，先養成起床後立刻開窗曬太陽的習慣，也可望改善睡眠品質。

後設認知是克服正義中毒的關鍵

作為本書的總結，我想提供一些關於克服正義中毒、學會寬容的心態的建議。這是擺脫「無法原諒他人的自己」的第一步。

首先，請先做好以下心理建設：因為你我身為人類，所以才會做出無法輕易原諒他人，以及把對方貶低這種愚蠢的事。

同時必須牢記，即使藉由訓練或改變思考方式，暫時能夠擺脫正義中毒的狀態，但後續很可能因為身心疲憊或受到他人的影響，導致沒多久又會回復到原來的狀態。

不陷入正義中毒狀態的關鍵，在於前述的後設認知——**養成總是以客觀角度看待自己的習慣**。無法進行後設認知的人，就無法和他人產生共嗚、站在他人立場思考。同時，也無法確實掌握自身正處在什麼情況的狀態之中。

我想拿起這本書的讀者，多半是因為本書的書名才想閱讀的，那麼你或許已意識到自己有時也會處於不佳的狀態。如果懷疑「我現在可能正處在正義中毒狀態」的時候，請先試著讓後設認知發揮作用，開始進行改變。

良好的人際關係，有助於提升後設認知能力

後設認知能力的高低，當然也受基因影響。不過事實上比起基因，影響更大的其實是環境因素。這個能力從國小低年級左右就開始漸漸發展，大約到三十歲左右才會發展成熟。也就是說，隨著前額葉皮質發展，人

們到三十歲為止將一直受到周遭環境影響。在一個人的人生中，尤其是二十幾歲時，受到來往的人們、尊敬的人們的影響很大。也因為有這樣的背景因素，若能在年輕時與後設認知成熟的人相識，將會成為很大的優勢。

後設認知能力只要成形，除非遭遇到足以左右人生的重大事件，否則不太會突然發生劇變。後設認知能力強的人，可以在人生中判斷並構築能為自己帶來正面影響的人際關係。為了培養孩子的後設認知能力，從幼兒期開始到三十歲左右為止，這個階段和怎樣的人相識、受到怎樣的影響，是非常重要的。

不追求與他人的「一致性」

正義中毒者總是認為他人是錯的。為了主張自己才是正義的一方，對他人強加自己所秉持的正義觀，歸根究柢都只是束縛他人的行為而已。

當然，視情況而定，某些行為也有可能被認為是合適的。若明顯是對方的錯，而且自己有責任要處理時，也往往會基於監督責任或指導責任的名義，讓主持正義變成正當的一件事。

然而，有時這種情況也會成為權力濫用的溫床。想像自己身為上司或前輩，當看到經驗不足的部下或新人不照自己下的指示做事，或不像自己以前新人時代一樣做事，可能會越想越感到不滿。接著，雖然自己本意是為了指導對方怎麼做比較好，卻秉持「自己是對的，對方是錯的」這種思考慣性，這正是陷入了正義中毒狀態。從對方的角度看來就是名符其實的濫用權力，而這種正義中毒情況也常見於社群媒體上。

社群媒體上，每個人都僅僅是互相追蹤的平等關係，但有時會看到某些人對不認識的人灌輸自己的想法——「這很簡單就能做到」「這我早就知道了」「是我的話，我會做得更好」。也就是套用「基於自身經驗而衍生的正義觀」，不知不覺中強迫別人接受自己所定的標準。

在社群網站上，剛開始與不特定網友交流時可能感覺和對方有著相同的想法或正義觀，但有時某個話題聊著聊著，會突然發現彼此觀點和思維有所差距，這可能會讓人感到難以理解。在這種情況下，雖不到「愛之深，恨之切」的程度，但有可能會在某一方心中升起一股「實在無法原諒」的情緒，也許會開始以強烈的語氣攻擊他人。與公司裡的人際關係不同，網友之間的關係基本上是對彼此都沒有任何責任、義務的人，甚至在現實世界裡可說是完全的陌生人。

其實，要求他人的想法與自己一致，本來就是不可能的事。既然身為人類，言行會出現矛盾是很正常的，要因此推翻過去講過的話或做過的舉動，也是沒有意義的。即使是目前心中深信的事，也有可能在某一天發現它們是錯誤的；即使現在覺得最合得來的好朋友，也說不定一個月後又會遇到更合得來的人，跟這位舊友漸行漸遠。

為了避免自己遭遇類似的不愉快事件，導致人際上的摩擦和衝突，最好的方法就是首先放棄期待他人與自己保有「一致性」這件事。

典型案例就是當「某位藝人發生婚外情」這種醜聞爆發時，透過觀察社會大眾的反應就能清楚理解。

藝人本身的形象和婚外情事件越是無法連結，當事人受到的抨擊聲浪就會越大。「我以為她是清純的類型」「他們不是很恩愛嗎」等，便是很常看到的評論。

藝人原本帶給大眾誠實、認真、清純、愛小孩、神仙眷侶、高學歷、模範生等形象，事實上也只不過是藉由媒體建立的而已。大多數人沒有實際和該藝人接觸過，其實並不了解他私底下是什麼樣的人，只是根據人設形象來認識這個人而已。而在不清楚實際狀況的情形下，很多人會將報導的內容當作唯一的真相。於是，人們會開始對這些根本從沒見過面的人，以自己心中的標準嚴厲批判：「沒想到他是這樣的人」「真的被他騙了」。陷入正義中毒狀態的人，會傾向將這些藝人當作標靶不斷發動攻擊，直到下一個新聞事件發生為止。

不過仔細想想，藝人本身也是一種「商品」，若形象與原有的本性不同也是合理的。藝人的螢幕形象與個人的私生活是完全不同的兩件事，對你我來說更是毫無關係。畢竟那是個人的行為，是他人的人生，只要不是做了會讓社會大眾權益受損的事，不管做了什麼，都不該遭受他人指指點點或譴責。

就我個人來說，我的想法是只要對方做的事不算犯罪行為便無所謂。如果是原本就長年支持那位藝人的粉絲，因為藝人發生醜聞而受到打擊的話還能理解，但若原本對那位藝人的動態並不關心（既不喜歡也不討厭），卻因此對其產生憎惡之情，那就可以說是陷入正義中毒的狀態。

從形成大眾輿論的事件看來，如果是為使社會變得更美好，當事件浮上檯面時，就應該進行深入的討論。但若只是針對個人做出抨擊，除了換來一絲快感之外，基本上什麼都沒有改變。也就是說，應該抱持「個人行為與我無關」的心態。這種心態，我想有助於與他人保持適當的距離，這樣我們便不會要求別人與自己保持一致。

嘗試「並列思考」，而非「對立思考」

我想，從正義中毒狀態解脫的最終方法，是不去執著在對立的衝突點上，而是凡事試著並列處理。雖然我不敢說有很明確的解決方法，畢竟本書所述的正義中毒症狀，也要考慮國情和地域上的差異，因此我只能試圖提出解決問題的一些線索。

如果更白話一點來說，那便是要學著接納世上有很多種不同的觀點，然後盡可能與人交流，並互相包容。

這樣的情況在德國和法國、日本和韓國、東方和西方、宗教A和宗教B、民主黨和共和黨、右派和左派、男性和女性等群體之間都可能發生。只要不同的人集合在一起，一定免不了會產生很多對立與衝突，而每個人都有可能屬於其中的多個群體。

人們各有各的觀點和見解，當有不同人提出意見並加以討論的這件事本身是非常健康的事，然而一旦演變成正義中毒狀態，就只會一直攻擊對方，直到其中一方敗退為止。正因為受這樣的荒唐狀況拖累，讓世界上斷斷續續地存在持續千年以上的戰爭情事。

禪宗的概念已在世界廣為流傳一段時間，我個人對這樣的現象也做了一番研究與考察。除了精進個人教養與修養之外，對於尚未解決的對立和無法得到答案的問題，對人類來說到底該怎麼看待才好呢？我想，有很多人是藉由禪宗這個途徑來尋求解答。

另外，人們也學會將難以找出答案的對話與討論，比喻成「禪宗問答」。禪宗問答，是源自於禪宗祖師們留給後人稱作「公案」的故事或言行紀錄。在公案中，問題通常都沒有絕對的答案，必須經過反覆思考，進行一來一往的問答。而依我的理解，這可能是刻意提出無法簡單得出結論或在最一開始就設定了一個沒有結論的問題，以引導雙方各自作答、互相論辯。比起找出答案，其實雙方思辨的過程，以及彼此互相包容的心，才是公案欲傳達的真正價值所在。

在這個社群媒體盛行的時代，人們總是傾向於用簡潔的短語來評斷一切，人人都深陷於能否瞬間就吸引他人注意的迷思中。我想，真正能脫離正義中毒狀態的解方，也許就在這種乍看沒有結論，只是不斷進行來回問答的方式之中。

當我們隨口說出「那個人真是個笨蛋」「那個人的想法實在令人匪夷所思」時，是否有意識到我們口中的「那個人」也是個有個性、情感和思考的存在呢？當發現有人和自己的看法不同時，請不要立刻加以否定，而是先試著接納和包容對方。在批評、否定對方提出的內容之前，先試著設想對方為何要發表那樣的訊息，而自己可否從中獲得新的見解呢？如此一來，也許可以獲得更多嶄新且對自己有好處的收穫。

只要體驗過一次這種感覺，想必就不會再自認是絕對正義的一方了吧。我想，這便是智慧之光[24]出現的契機。

人非聖賢，當體認到你我終究必須永無止盡地追求精益求精，才能確實地從正義中毒的狀態中解放。

24　編按：禪宗所指的智慧之光表示深刻理解和洞察事物的能力，使人能夠超越狹隘的觀點，接受並理解更廣泛的事物。

後記

思考無解問題所帶來的喜悅

正因沒有答案，才會不停思考

日本知名專欄作家暨廣播節目主持人 Jane Su 小姐曾經對我說：「中野小姐的書裡，好像並沒有提及解決對策呢。」的確如此，本書有幸被讀者選中翻閱，但也可能會有讀者讀完後感到不滿，認為花了時間閱讀，卻沒有提出什麼具體解決對策呀。

能夠讓每個人都從此變得對他人寬容的正義中毒療方，其實並不存在。如果有的話，那麼或許要讓「人類全部消失」，才是最根本的解決之道。

也就是說，對於這個狀態，並沒有能夠一勞永逸的普世解答。不過，我想呼籲各位讀者不必因此感到困擾，因為就算這樣也沒關係。

雖然我本身是一位鑽研科學領域的人，但我也不會忘記自己骨子裡是東方人。

日本國學大師平田篤胤曾經對佛學經典《法華經》做出以下評論：「書裡盡是漂亮的文字，卻沒有提出治根本的良方。」他的這句評語相當有名。確實，我曾經嘗試拜讀過《法華經》，卻沒有得到多少具體的啟發。例如，書中不斷提到我們應讚美生命的存在，但該怎麼做，卻完全沒有提到。

我想，把自己的拙作與《法華經》相比是過於踰矩了，但我在此想誠惶誠恐地說，我希望透過本書傳達的並非一翻兩瞪眼的定論，或許可以有各種詮釋，畢竟事物並不是絕對的，而是存在多重解釋或觀點。歸根究柢，我喜愛人類並且享受思考的樂趣，我想說的只是這樣。

只要大多數人都能秉持開放的心態，社會就能從正義中毒的狀態中解放，那便是可以寬容地對待他人的時刻來臨。縱使某個人的言論一開始不被接受，大家也可以認同那只是代表社會多元性的一部分罷了。

或許，大家也可以這麼想，假如我真的在書裡提出一種答案的話（雖然原本就沒有答案），可能反而會剝奪各位思索答案的樂趣了呢。

對立來自於努力和進步

今後恐怕會有很長一段時間，在沒有短期解決對策的狀況下，我們可能都會不時陷入正義中毒中，並一次次努力擺脫它，就這樣長時間不斷地反覆持續思考著解決辦法。

在這段時間中，縱使思考的方式或模式不斷改變也沒關係。因為我們本來就沒有必要被一直以來的想法或傳統的正義觀所束縛，就算討論的形式有所變化也是理所當然的。

將視角拉遠來看的話，人類不斷地彼此對立又克服對立，一度看來可能已克服對立卻又可能再度對立……這些最終都只是努力和進步的一種形式，或許可以這樣合理的解釋。

日本已經遠離戰爭很長一段時間了。其中當然牽涉很多因素，但以廣義觀點來看，為了避免戰爭，人們在各方面都積極地做出承諾。

戰爭，是競爭之最終形態，也是終極的正義中毒狀態。在這數十年間，日本沒有發生戰爭是非常有意義的，但這代表競爭，或者正義中毒就此消失了嗎？我想並非如此。

即便不再直接發生暴力衝突，外交競爭、技術競爭和資本競爭，還是持續不斷地進行中。仔細想想，電腦和網路是東西方冷戰時代彼此競爭下的產物，更因而創生現今的社群媒體，並且現在正加劇著正義中毒的現象。

然而，競爭這件事真的是一件壞事嗎？我認為，如果每個人都生活在沒有爭執也沒有競爭，每一天都過著知足且平凡日子的世界，人類或許會走向退化。如果說完全沒有對立狀態，會阻止人類繼續進化的話，那麼出現某種程度的對立，也許對人類來說反而是必要的。

藉由彼此較勁考試分數和收入多寡、在社群網站上辯論讓對方啞口無言，最終歸根究柢都是為了與他人比較，向他人展示自己的正義並取得勝利，也許是想得知自己到底成長了多少。儘管如此，比起砲彈真正飛來飛去的戰爭情境，用相對上較文雅和有風度的方式競爭，算是更能接受的吧。

今後，人們恐怕還是會如宿命般持續對立著，沒有人能置身事外。但是，我們也許可以從中找出雙贏的競爭方法，期待彼此相互激盪出新的競爭方式；而這並非是為了消磨彼此，而是為了提升生產力而相互競爭。

儘管本書最後還無法提出一個明確的解決對策。但是，我並不會因此而停下腳步，我將持續想方設法、不斷嘗試，希望貢獻個人的微薄之力，讓社會一步步地往更美好的方向前進。

國家圖書館出版品預行編目 (CIP) 資料

正義中毒 : 炎上、公審、肉搜……腦科學專家解密，為什麼我們無法輕易原諒他人？ / 中野信子著 ; 童唯綺, 許訓彰譯 . -- 初版 . -- 臺北市 : 今周刊出版社股份有限公司, 2024.03
面 ; 公分 . -- (Wide ; 10)
譯自 : 人は、なぜ他人を許せないのか？
ISBN 978-626-7266-60-1(平裝)

1.CST: 社會正義 2.CST: 情緒管理 3.CST: 腦部

540.21 112022692

Wide 010

正義中毒

炎上、公審、肉搜……腦科學專家解密，為什麼我們無法輕易原諒他人？

作　　者　中野信子
譯　　者　童唯綺、許訓彰
審 訂 者　謝伯讓
總 編 輯　許訓彰
責任編輯　吳昕儒
封面設計　張　巖
內文排版　蔡宜庭
校　　對　許訓彰、李志威

行銷經理　胡弘一
企畫主任　朱安棋
業務主任　林苡蓁
印　　務　詹夏深

發 行 人　梁永煌
社　　長　謝春滿

出 版 者　今周刊出版社股份有限公司
地　　址　台北市中山區南京東路一段 96 號 8 樓
電　　話　886-2-2581-6196
傳　　真　886-2-2531-6438
讀者專線　886-2-2581-6196 轉 1
劃撥帳號　19865054
戶　　名　今周刊出版社股份有限公司
網　　址　http://www.businesstoday.com.tw

總 經 銷　大和書報股份有限公司
製版印刷　緯峰印刷股份有限公司
初版一刷　2024 年 3 月
定　　價　360 元

Wide

Wide